cook.

better.

Für Steve und Tracy.
Wir wünschen euch, dass ihr
nie vor einem Fertiggericht
stehen und euch fragen
müsst: Muss ich jetzt die Ecke
abschneiden oder Löcher in
den Plastikdeckel stechen?

cook.

better.

Nikki Werner,
Brandon de Kock

SIEVEKING
VERLAG

Vorwort

Ich glaube, die allerschönsten Erinnerungen entstehen beim Essen. Es gibt wohl kaum zwei Menschen, mit denen ich außergewöhnlichere kulinarische Erinnerungen verbinde, als Nikki und Brandon. Schon bevor sie in die Reihen der Food-Redakteure aufgestiegen war, verstand es Nikki, Blinis perfekt in der Pfanne zu wenden und sie dann mit geräuchertem Lachs zu servieren oder Schalen mit tiefrotem Borschtsch hervorzuzaubern. Damals war auch ich auf dem besten Weg, zu einem ausgewachsenen Nerd in Sachen Nahrungsaufnahme zu werden. In ihr erkannte ich sofort eine verwandte Seele – da war noch jemand, der im Restaurant 45 Minuten brauchte, um zu bestellen, der seine Brühe selbst zubereitete und im Bett Kochbücher las! Über die Jahre haben wir zusammen an mehreren Magazinen gearbeitet, und Nikki ist oft mit einer Kiste besten Gemüses angekommen, das bei Fotoaufnahmen übrig geblieben war oder, noch besser, direkt aus ihrem Garten stammte: kleine Artischocken, Strauchtomaten oder ein Bund pfeffrig-scharfer Blätter in ein Geschirrtuch eingerollt.

Seit mehr als zehn Jahren schaue ich dabei zu, wie Nikki ihre Leidenschaft für wunderschöne Zutaten und authentische Zubereitungstechniken an Brandon weitergibt – der sich gelassen die Schürze umband und sich wie eine ungestümere Version des englischen Sternekochs Heston Blumenthal für die Alchemie des Kochens begeisterte. Im Gegenzug hat Brandon seinen Hang zu ungewöhnlichen historischen Anekdoten an Nikki weitergegeben. Ihren Gästen servieren die beiden also nicht nur eine Mahlzeit, sondern auch immer eine passende Geschichte dazu. Schon beim ersten Löffel erfährt man, dass die Zwiebeln in Brandons französischer Zwiebelsuppe fünf Stunden lang karamellisiert wurden und die Brühe aus den Knochen grasgefütterter Rinder zubereitet wurde. Außerdem wird man den Verdacht nicht los, dass seine Bolognese nicht zuletzt deshalb so perfekt schmeckt, weil sie mit kurzen Anekdoten über Giorgio Locatelli, dem Küchenchef aus seiner geistigen Heimat Italien, abgerundet wurde. Alles, was Brandon sich zu seinem 40. Geburtstag wünschte, war eine großartige Pizza. Also sind die beiden nach Neapel gefahren, um sie in der besten Pizzeria der Stadt zu essen. Das ist Hingabe. Und Hingabe macht aus einem guten Essen ein hervorragendes.

Ich hatte das Glück, mehrere Food-Abenteuer mit diesen beiden Gastro-Gelehrten erleben zu dürfen. 2005 gingen Nikki und ich auf Pilgerreise ins *elBulli* nach Spanien und aßen unterwegs gefrorene *Foie gras* im heute ebenso berühmten *El Celler de Can Roca*. Aber meine liebste Erinnerung an diese Reise sind die Tapas, die wir mit albern verzücktem Grinsen in der *Bar Pinotxo* auf dem *La-Boqueria*-Markt in Barcelona genossen haben, als wir direkt vom Flughafen kamen. Auf derselben Reise wollten wir außerdem bei *Rafa* essen – *der* Adresse für Meeresfrüchte an der Costa Brava, die auch von Ferran Adrià selbst empfohlen wird –, doch leider war dort zur Siesta-Zeit geschlossen, und wir mussten uns mit Melone und Schinken in einer Touristenfalle zufriedengeben (der Fotograf hatte einen Bärenhunger). Nikki war sichtlich sprachlos.

Jahre später, auf einer Pilgerreise nach Südfrankreich, konnte man Nikki und mich auf dem Markt in Cavaillon vor Begeisterung über grüne Lucques-Oliven so ausflippen sehen, wie es vielleicht einst Schulmädchen bei einem Elvis-Konzert taten, und Brandon konnte seinen Traum verwirklichen und endlich Châteauneuf-du-Pape in Châteauneuf-du-Pape trinken. Wir haben in einem umgebauten Schafstall mit Outdoor-Küche übernachtet und entdeckten dort die Aromen des Luberon: Wir pflückten Kirschen zum Frühstück, picknickten neben dem Pont du Gard und drückten uns in den Straßen von Avignon herum, bis der verdammte Metzger endlich aufmachte, damit wir anständiges Geflügel bei ihm kaufen konnten. Das war eine der glücklichsten Wochen in meinem Leben.

Doch es sind nicht nur all unsere unterschiedlichen Mahlzeiten, die mich in so mancher Nacht wachhalten. Es kann auch die Erinnerung an einen perfekt pochierten *Cape Salmon* mit hausgemachter Mayonnaise daheim in Südafrika sein. Und es kann diese Vorfreude auf den Frühsommer sein, welche die beiden in mir auslösten, als ich an Neujahr bei ihnen das allererste Mal kubanische Maiskolben aß – Brandon grillte die Maiskolben über dem Feuer, während Nikki Teller mit Chiliflocken, frisch gemahlenem Parmesan und Mayonnaise vorbereitete und ein paar undankbaren, vom Alkohol benebelten Gesellen geduldig zeigte, wie man den Limettensaft darüberträufelt und die Maiskolben in der Mischung rollt.

Nikkis und Brandons Passion, alles formvollendet zu tun, kann einen inspirieren, aber auch zur Verzweiflung treiben. Jedes Mal, wenn ich die Hähnchenkarkasse wegwerfe oder die Bratensauce verhunze, überkommt mich dieses Gefühl. Was ich an diesem, ihrem ersten Buch so mag, ist, dass darin ihrer beiden Stimmen zu Wort kommen: Brandons ungestüme Metaphern und gesalzene Seitenhiebe halten sich die Waage mit Nikkis wohlgehüteten Anekdoten und gesammelten Küchengeheimnissen. Über die Jahre haben sie diese großzügig mit mir geteilt, und ich habe darum umso besser gespeist. Ihre Gerichte will man immer wieder essen – und zwar genau so, wie sie waren. Es ist eine große Kunst, das zu schaffen – und sie sind darin wahre Meister.

Kate Wilson
Zeitschriftenredakteurin: *Women's Health, Marie Claire, House And Leisure, SL;* MPASA Editor of the Year 2012; gelegentlich Food-Autorin/-Kritikerin; erfahrener Food-Nerd

Inhalt

Einleitung

Was ist das hier?

Hi. Wir meinen es so, wie es da steht. Das hier ist keine Rezeptesammlung. Und auch kein Kochbuch. Es ist ein Buch über das Kochen – oder zumindest darüber, wie wir kochen gelernt haben. Es klingt vielleicht merkwürdig, dass wir dies mit der Welt teilen wollen – schließlich sind wir keine ausgebildeten Köche –, aber wir sind Autoren, die sehr oft kochen.

Wir haben beide seit vielen Jahren mit Essen zu tun: mit Restaurantkritiken, Zeitschriften-Features, Food-Aufnahmen ... Bei unserer Arbeit und auf unseren Reisen haben wir viele Köche kennengelernt, in zahlreichen Restaurants gegessen, viel recherchiert und eine Menge Notizen gemacht. Wir sammeln gute Tipps. Das bedeutet: Während sich die meisten Kochbücher um den Autor drehen, geht es bei diesem hier um dich – um den Menschen, der kocht.

Wenn du dieses Buch in der Hand hältst, kann es gut sein, dass du ebenfalls glaubst, dass unsere Lebensreise um einiges erfreulicher ist, wenn die Lokale am Wegesrand uns unvergessliche Mahlzeiten servieren. Aber wie kann man dazu beitragen? Nun, wir glauben, dass das »Wie« ebenso wichtig ist wie das »Was«. Wir glauben an die klassische Küche – und dass man sich unsterblich in das Kochen verliebt, wenn man nur weiß, wie es funktioniert.

Ist dies das Standardwerk für Kocheinsteiger? Nein. Geht es um »leichter und schneller«? Bestimmt nicht. Aber es wird dir dabei helfen, aus guten Kochkünsten großartige zu machen. Es wird dir ein paar Grundschritte des Küchen-Kung-Fu vermitteln und das Selbstvertrauen geben, nur mit einem scharfen Messer und einer Handvoll wehrlosen Gemüses bewaffnet an die Zubereitung einer Mahlzeit zu gehen.

Das Gelingen eines Rezeptes hängt oft von einem entscheidenden Schritt ab, der aber nur nebenbei erwähnt wird: die Zwiebeln glasig dünsten, die Bohnen blanchieren, den Knoblauch zerdrücken ... Da geht schnell etwas schief, und zum Schluss serviert man etwas, das mit dem Foto im Buch nicht mehr viel zu tun hat. Das war dann wohl kaum der lebensverändernde Schritt, den man sich erhofft hatte. Deshalb soll es in diesem Buch um das Kochen gehen, das sonst zwischen den Zeilen steht.

Du wirst – genau wie wir – herausfinden, dass die gleiche Zutat, auf verschiedene Weisen gegart, ganz unterschiedlich schmecken kann. Küchenchefs wissen das – oder sie lernen es –, aber man braucht dazu keine übersinnlichen Kräfte. Es geht darum, mit einfachen Techniken komplexe Resultate zu erzielen: Wenn man das Know-how besitzt und die Grundlagen beherrscht, kann man jedes Rezept ganz nach eigenem Belieben verändern.

Am Ende dieses Buches wirst du nicht nur Grundwissen erworben haben, das deine Kochbuchsammlung in ein ganz neues Licht taucht, sondern auch mit einer Auswahl unserer bewährtesten Grundrezepte bewaffnet sein, von denen jedes einen Tipp, einen Trick oder eine Technik enthält, die du von nun an für immer anwenden kannst. Hoffentlich können wir dich dazu inspirieren, das Kochen nicht als lästige Arbeit, sondern als eine große Freude und Befriedigung zu betrachten. Wir wollen nur, dass du kochst – Punkt.

Wie man dieses Buch nutzt

Wenn du einen Fitnesstrainer buchst, dann beginnst du wahrscheinlich mit leichten Dehnungen und wärmst dich mit ein paar Sprüngen auf, bevor du dich letztendlich am Sandsack austobst. Die Kapitel in diesem Buch gehen ähnlich vor. Wir beginnen ganz locker mit dem Zerdrücken einer Knoblauchzehe. Wenn du bei Kapitel 6 angekommen bist, weißt du bereits, was ein *Soffritto* ist, und am Ende des Buchs wirst du in der Lage sein, ein dreigängiges Menü zu zaubern.

Wir behandeln ein Thema sehr ausführlich, bevor wir zum eigentlichen Rezept kommen, aber wenn du es dann liest, wirst du sehen, wie einfach es ist. Unser Grundgedanke ist: Wenn man versteht, was man tun soll, macht man es automatisch besser. Geschmack erzeugen wir mit Salz, Pfeffer, Knoblauch, Zwiebeln und Kräutern – nichts Ausgefallenem. Sie sind leicht erhältlich und lenken nicht von der Technik ab. Und wenn du diese Zutaten von guter Qualität kaufst, müssen sie auch nicht aufgepeppt werden.

Dieses Buch soll keine allumfassende Kulinarikbibel sein, die nach traditionellen Themen wie Suppen, Vorspeisen oder Fisch unterteilt ist. Die Kapitel arbeiten sich eher durch Grundkonzepte, von denen eines das andere ergibt. Jedes enthält ein Rezept, das dieses am besten illustriert. Alle Rezepte in diesem Buch kochen wir regelmäßig. Durch häufiges Herumprobieren haben wir herausgefunden, was für uns funktioniert und hoffentlich auch für dich funktionieren wird.

Viele Wege führen zum Ziel, oder besser gesagt: Ein Hähnchen lässt sich auf verschiedene Weise braten, aber am Ende ist es immer ein Brathähnchen. Wir sind uns über die Grundkonzepte einig, gelangen oft auf unterschiedliche Weise dorthin. Deshalb haben wir Randnotizen eingefügt.

Brandon:

Ich habe so viele Leute getroffen, die Angst vor dem Kochen haben. Das ist schade. Wie Jedi-Meister Yoda schon sagte:

»Furcht führt zu Wut.
Wut führt zu Hass.
Hass führt zu unsäglichem Leid.«

Warum solltest du oder deine Gäste beim Abendessen leiden? Ich mag am liebsten offene Küchen, wo das Kochen Teil des sozialen Experiments ist, das man Leben nennt.
Und ich mag es, neue Dinge zu entdecken – als ich zum ersten Mal Mayonnaise gemacht und dafür Öl mit einem Eigelb verschlagen habe, fühlte ich mich wie ein Kind, das zum ersten Mal einen Schmetterling sieht.

Brandon über Nikki:

Nikki steht für Genauigkeit und Perfektion. Ich werde nie vergessen, wie ich einmal nach Hause kam und die Küche mit dressiertem Geflügel übersät war – zwei Exemplare hingen am Geschirrtuchständer, in der Schusslinie des Standventilators, der auf höchster Stufe lief. Einen Tag später hatte sie die Zubereitung bereits perfektioniert. Ihre Peking-Ente war lecker und knusprig. An dem Punkt, an dem die meisten Menschen aufgeben würden, fängt Nikki gerade erst an – sie hört nicht auf, Fragen zu stellen, und tut alles, was nur getan werden kann, um an den Kern eines Problems zu gelangen. Sie ist ein wahrer Food-Nerd und eine unermüdliche Forscherin. Ich liebe die Art, wie sie neue Kochbücher verschlingt und für ihre alten schwärmt. Ihr breites Wissen bringt mich manchmal zur Verzweiflung – insbesondere bei diesen, ähm, seltenen Gelegenheiten, wenn mein Dickkopf nicht zulässt, dass ich auf sie höre. Wenn sie sagt »Ich würde Zitronensaft dazugeben«, dann ist es besser, zuerst die Zitrone auszudrücken und später Fragen zu stellen, das habe ich inzwischen gelernt.

Nikki:

Als Kind liebte ich Hotdogs, Spaghetti aus der Dose und Fischstäbchen, doch mittlerweile ist aus mir eine Puristin geworden.

Die meisten Dinge mache ich selbst, und nein ich besitze keine Mikrowelle. Meine Mutter macht sich noch immer über mich lustig, wenn sie in meine Küche kommt und sieht, dass Hühnerbrühe auf dem Herd köchelt.

»Du meine Güte, Nicola« sagt sie dann, »warum verwendest du denn nicht einen Brühwürfel!«

Ich gehe gern bis an den Ursprung zurück, um echt zu verstehen, wie eine Zutat oder ein Rezept wirklich sein sollte. Und weil ich so viel Zeit als Food-Redakteurin verbracht habe, messe ich alles genau ab.

Nikki über Brandon:

Brandon ist von uns zweien der Genussmensch, immer bereit, noch einen Löffel mehr Béarnaise zu nehmen und noch ein Glas guten Weins. Er ist der Gastgeber, der Unterhalter. Aber lass dich von seiner unbekümmerten Art nicht täuschen. Wenn Brandon beschließt, etwas zu tun, dann tut er es richtig ... ja, dann macht er es formvollendet. Er ist unser Schnippelmeister – der erste Salat, den er für mich zubereitet hat, war eine Glanzleistung aus vollkommen einheitlich gewürfelten Zutaten. Brandon versteht, wie Hitze funktioniert, weiß, wie er sie benutzen muss, und er hat einen hervorragenden Sinn für perfektes Timing. Er vertraut seinen Instinkten und kocht nach Gefühl, was es fast unmöglich macht, seine Rezepte aufzuschreiben oder nachzukochen. Er kann mir nie sagen, wie viel Parmesan er genommen hat oder wie viele Knoblauchzehen – ich glaube ja, dass er es einfach nicht verraten will!

Wie alles anfing

Warum ein Buch? Na ja, eines Abends waren wir zum Abendessen bei Nikkis Bruder Steve. Er machte uns eine tomatige Chorizo-Pasta, die er im Internet gefunden hatte, während wir an der Küchentheke saßen und zusahen. Es war seine erste Kochperformance – zumindest für uns –, und wir fanden das ungeheuer aufregend.

Dieses Rezept der irischen Köchin Rachel Allen ging ganz schnell, schmeckte lecker und war etwas, das man sich zutrauen konnte. Steve war es wichtig, dass es schnell ging und dennoch beeindruckte – das Versprechen hat es definitiv gehalten! Auf dem Heimweg fragten wir uns jedoch, wie anders es wohl schmecken würde, wenn wir es in unserer Küche mit den Techniken zubereiten würden, die wir inzwischen erlernt hatten.

Also machten wir uns auf und kauften genau die gleichen Zutaten. Wir schnitten die Chorizo nicht in dicke, sondern in hauchdünne Scheiben und brieten die Scheiben knusprig an, denn sie sollten ihr oranges Öl abgeben. Wir zerdrückten den Knoblauch zu feiner Paste, um ihn auf niedriger Temperatur langsam in Olivenöl extra vergine zu dünsten, anstatt ihn roh in die kochenden Tomaten zu geben. Und so ging es weiter.

Am nächsten Tag brachten wir Steve eine Portion vorbei.

»OH. MEIN. GOTT.« simste er, »Ich habe gerade eure Sauce gekostet. Die ist ja umwerfend! Was habt ihr gemacht? So viel Geschmack ... Aber feiner und weniger stark gewürzt ... und doch kräftig ... Sie ist ... köstlich!«

In dem Moment dämmerte es uns: Nur weil wir keine offizielle Ausbildung haben, heißt das nicht, dass wir anderen nicht helfen können, besser zu kochen – wahrscheinlich ist es sogar ein Vorteil für uns. Schließlich ist es kein Hexenwerk: Egal, um welches Rezept es sich handelt, egal, wie einfach oder exotisch die Zutaten sind: Die Methode bestimmt, ob man das Beste aus diesen Zutaten rausholt oder nicht.

Um zu verdeutlichen, was wir meinen – auch wenn du jetzt vielleicht denkst, wir hätten völlig den Faden verloren –, blättre bitte um. Wir beginnen mit einem Rezept, das kein Rezept ist und (Salz und Öl mitgezählt) nur drei Zutaten hat. Aber um zu verstehen, wie wichtig das »Wie« ist, eignet sich wohl kaum etwas besser als der bescheidene Maiskolben mit seinen goldenen Körnern.

Popcorn

Wenn David Copperfield nicht Zauberer, sondern Koch wäre, würde er Popcorn lieben. Man wirft eine Handvoll Mais in einen Metallbehälter mit ein wenig Öl und 90 Sekunden später – voilà! Fast so, als verwandle man Wasser in Wein. Man muss nur ein paar einfache Schritte für den Tanz um den Herd beherrschen – und schon gelingt eine Ladung perfekt gepuffter Maiskornwölkchen, die weder angebrannt sind noch ungepuffte Körner enthalten.

Mais pufft, weil die Feuchtigkeit in den Körnern überhitzt, sich ausdehnt und die stärkehaltigen Faserstoffe innen aufblähen lässt. Logischerweise pufft er nicht mehr so gut, wenn man ihn austrocknen lässt. Alter Mais ist schlechter Mais. Man kann aber den Beutel in den Gefrierschrank legen, damit die Feuchtigkeit in den Körnern gefriert. – B

Etwa 2 TL Pflanzenöl
1 Tasse Popcorn-Körner
Salz

1. Eine große Herdplatte auf mittlere Hitze erwärmen. Einen großen Topf von etwa 20 cm Durchmesser (wir verwenden unseren Suppentopf) daraufstellen (siehe Seite 32) und das Öl hineingießen – gerade genug, um den Boden etwa 1 mm hoch zu bedecken.
2. Nun 2 Körner hineinwerfen. Man sieht, wie das Öl beginnt, sich zu erhitzen. Sobald die beiden Körner aufpuffen, ist das Öl so weit, seine bereitwilligen Opfer zu empfangen. Die 2 Pufftest-Körner herausfischen (am besten mit einem Spieß aus Holz oder Metall) und die ganze Tasse Popcorn-Körner in den Topf geben.
3. Ein paar Prisen Salz hinzufügen (und auch eine oder zwei Umdrehungen aus der Pfeffermühle, wenn du magst) – so bekommt das Popcorn Geschmack, ohne am Schluss zu salzig zu sein.
4. Nun kommen wir zum oben erwähnten ausschlaggebenden Tanzschritt: Damit die Körner *nicht* anbrennen, musst du den Topf schütteln, während es in ihm explodiert. Stell dir vor, du würdest versuchen, die Körner umzurühren, ohne den Topf von der Herdplatte zu heben. Dafür muss man in kreisenden Bewegungen vorgehen – wie beim Goldwaschen – und den Boden des Topfes dabei aber immer auf dem Kochfeld lassen. Oh ja, es wird ganz schön albern aussehen, aber glaub uns, es lohnt sich!
5. Das Puffen sollte sich wie heftiges Knallen anhören und nur kurz andauern, wahrscheinlich nicht länger als 90 Sekunden. Sobald es abklingt und nur noch 1 oder 2 Körner pro Sekunde puffen, den Topf von der Herdplatte nehmen, den Deckel heben und das Popcorn in eine Schüssel geben. Nach Belieben mit mehr Salz bestreuen. Am DVD-Spieler auf *Play* drücken. Losknuspern.

Den Backofen auf 50 °C vorheizen, eine Schüssel mit ausreichend Popcorn für den sofortigen Verzehr füllen und den Rest in eine Backform schütten. Die Backform im Ofen lassen und die Schüssel während der Werbepausen mit warmem Popcorn auffüllen. So kann man auch am nächsten Tag hervorragend übrig gebliebenes Popcorn wieder aufwärmen. – N

Ergibt 2 große Schüsseln

Unsere Basics

Auch wir sind nicht perfekt, aber hier sind die grundlegenden Dinge, um die wir uns beim Kochen nach besten Kräften bemühen, die wir bereitliegen haben oder beachten.

Die Geheimnisse köstlichen Essens

Maillard-Reaktion. So, nun haben wir es gesagt. Keine Angst! Wir glauben, dass es drei Geheimnisse gibt, um köstliches Essen zu kochen: die Maillard-Reaktion, das Karamellisieren und umami. Die ersten beiden sind hauptsächlich wissenschaftliche Begriffe für das Anbräunen, das den Geschmack und natürlich die Farbe verändert. Diese bräunenden Reaktionen eröffnen uns eine ganze Welt an interessanten Geschmacksnoten und möglichen Aromen, zu denen man sonst keinen Zugang bekommt – sie sind das, was die komplexe Vielfalt im Essen erzeugt.

Karamellisieren hat mit der Aufspaltung von Zucker zu tun – in Kapitel 5 kannst du lesen, was das mit Zwiebeln macht! Die Maillard-Reaktion betrifft Stoffe ohne Zucker. Wir kommen oft darauf zurück, wenn es um Fleisch geht. Trifft große Hitze auf Proteine, entwickelt ihre Hülle alle möglichen herzhaften, erdigen, fleischigen Geschmacksnoten, die sie köstlich machen. Sie holen all die Aromen hervor, die sich auch beim Karamellisieren entwickeln – und noch mehr. Das Ergebnis ist also wesentlich komplexer. Deshalb mögen wir unser Fleisch mit der notwendigen Portion Ernsthaftigkeit gebraten.

Umami ist der fünfte Geschmackssinn neben süß, salzig, sauer und bitter. Es ist ein japanisches Wort und bedeutet Köstlichkeit. Es bezieht sich auf diesen würzigen Ich-weiß-nicht-wie-ich-es-beschreiben-soll-Geschmack nach mehr, der in Rindfleisch, Sojasauce, Pilzen, Würzpaste, Maggi-Würze und dergleichen steckt. Es macht uns seltsam zufrieden.

Dieses Es ist Glutaminsäure – das berühmte Mononatriumglutamat. Ja, Glutamat. Weil unser Körper Aminosäure benötigt, sind wir darauf programmiert, es zu lieben. Überall um uns herum gibt es natürlich vorkommendes Glutamat. In Tomaten zum Beispiel. Und in Meeresalgen. (Verstehst du jetzt, warum italienische Küche und Sushi so beliebt sind?) Parmesankäse hat ebenfalls eine besonders hohe Konzentration davon – schon mal diese kleinen weißen Kristalle im Parmesan bemerkt? Reines Glutamat.

Wenn man weiß, wie man diesen fünften Geschmackssinn einsetzt, kann man Wunder mit dem, was die Natur zu bieten hat, vollbringen, ohne zu künstlichen Aromen greifen zu müssen. Zutaten, die reichlich umami sind, besitzen Synergieeffekte – mit anderen Worten: Eines zum anderen zu geben vergrößert den Gesamteffekt. Deshalb wird die doppelte Ladung umami immer noch besser schmecken, wie zum Beispiel Käse mit Tomaten (hast du Pizza gesagt?) oder Bolognese mit Parmesan.

Von jetzt an kannst du jedes Mal wissend lächeln, wenn du in unseren Rezepten einen Esslöffel Tomatenmark oder eine Handvoll Parmesan entdeckst.

Parmesan

Parmigiano Reggiano ist der offizielle Name des gemeinhin als Parmesan bekannten harten, gereiften Käses. Grana Padano ist eine Version derselben Gattung. Er wird also auf die gleiche Art hergestellt, aber nicht im selben Teil von Italien, also nicht in Parma oder Reggio Emilia. Wir empfehlen dir wärmstens, dein Budget zu strapazieren und in den echten Käse zu investieren: Parmigiano oder zumindest Grana Padano. Du wirst es nicht bereuen.

Kauf dir ein großes Stück und reib ihn so, wie du ihn benötigst. Wir benutzen eine Microplane-Reibe (siehe Seite 20), weil sie den Käse leicht und fedrig reibt, aber die kleinsten Löcher auf einer Vierkantreibe sind auch in Ordnung. Lass bloß die Finger von Tüten mit fertig geriebenem Parmesan oder gar Parmesanpulver – sie schmecken nie so gut und halten auch nicht lang.

Die Microplane-Reibe

Sie sieht aus wie die Feile beim Schreiner. Sie reibt extrem fein, und das bei minimaler Kraftanstrengung. Wir benutzen sie für Parmesan, Muskatnuss, Zitronenschale, Schokolade und Ingwer.

Salz

Genau wie die Aminosäure des Glutamats, benötigt der menschliche Körper auch Salz (also Natrium), um wichtige Zellfunktionen ausführen zu können. Deshalb neigen wir von Natur aus dazu, seinen Geschmack zu mögen. Aus diesem Grund schmeckt mit Salz fast alles besser.

Das heißt aber nicht, dass alles salzig schmecken sollte. Salz dient dazu, den Geschmack hervorzuheben– es ist, wie Sportsendungen in HD zu schauen. So wie der richtige Rahmen ein Kunstwerk zum Leben erwecken kann (ohne dass man den Rahmen eigentlich wahrnimmt), kann Salz Nahrungsmitteln zu ihrem eigentlichen Geschmack verhelfen und die ihnen eigenen Aromen intensivieren.

Peter Barham zufolge (er ist Professor für Molekulargastronomie und Berater von Heston Blumenthal) sind sogar bei eineiigen Zwillingen die Geschmacksknospen auf der Zunge unterschiedlich verteilt. Deshalb musst du dich auch nicht schlecht fühlen, wenn du die Pfirsichblüte oder das frisch geschnittene Gras, die auf dem Weinetikett beschrieben sind, nicht herausschmeckst. – N

Deshalb sollte man Salz von guter Qualität kaufen (mehr dazu später) und während des gesamten Kochvorgangs würzen. Wir würzen vielleicht drei- oder viermal, wenn wir ein Gericht zubereiten, schmecken in jedem Stadium ab und beraten, ob es noch ein wenig mehr sein sollte.

Das erfordert praktische Erfahrung und Vertrauen in den eigenen Gaumen. Jeder Mensch interpretiert Geschmack anders, deshalb steht in Rezepten »nach Belieben würzen«. Stell dir immer die Frage: Kann ich in diesem Stadium noch mehr Geschmack herausholen, bevor ich weitermache? Und probier immer kurz vor dem Servieren, ob richtig gewürzt ist.

Was ist eine Prise Salz?

Ja, ich habe das abgemessen – für mich ist es ein Achtel Teelöffel, und für Brandon ist es ein Viertel Teelöffel. – N

Das hängt davon ab, wie dick deine Finger sind! Jeder kriegt unterschiedlich viel zwischen Daumen und Zeigefinger unter, wichtig ist aber, genau den Punkt zu erreichen, an dem etwas mehr zu viel wäre – egal, wie viele Prisen dafür nötig sind. Wenn man während des Kochens stetig würzt und ein Auge darauf hat, kommt plötzlich dieser Moment, in dem der volle Geschmack erblüht und abgerundet ist.

fein gemahlenes Salz
zum Würzen während des Kochens

Welche Konsistenz für welchen Zweck?

Salzflocken
zum Abschmecken eines Gerichts

grobes Salz
in kochendem Wasser

Meersalz

Das benutzen wir – nicht etwa, weil wir Snobs sind, sondern weil wir den Geschmack mögen. Kennst du den leichten Salzgeschmack auf den Lippen nach einem Bad im Meer? Genau so soll es sein. Es wird durch Verdunstung auf natürlichem Weg (tatsächlich aus dem Meer) gewonnen und enthält deshalb Mineralien. Tafelsalz ist ein industriell verarbeitetes Produkt und enthält oft Trennmittelzusätze. Wir finden es ziemlich herb. Meersalz dagegen schmeckt reiner, salzig und dennoch irgendwie süßlich. Probier es mal aus: Mach' eine Salzverkostung mit Tafelsalz und Meersalz und entscheide dann, welches du lieber magst.

Wenn man fein gemahlenes Salz in einen Mörser gibt, lässt es sich zu feinem Puder zerstoßen und für Popcorn verwenden, so wie man es im Kino bekommt. – B

Bei uns steht grobes Salz in einem großen Glas neben dem Herd, damit wir schnell eine Handvoll ins kochende Wasser schleudern können, wenn wir Pasta kochen oder Gemüse blanchieren. Die Meersalzflocken stellen wir in einem Schüsselchen auf den Tisch, damit (falls nötig) jeder beim Essen nachwürzen kann. Diese pyramidenförmigen Salzkristalle bringen ein wenig Textur und Biss ans Essen, deshalb wäre es schade, sie beim Kochen aufzulösen – außerdem sind sie zu teuer, um sie zu verschwenden. Reib sie zwischen den Fingern, sodass sie über Steak, Salat oder ein Hähnchen, das auf dem Grill landen soll, rieseln. Sie eignen sich auch, um Knoblauch zu zerdrücken (Seite 38) – durch die scharfen Kanten wird er leichter aufgebrochen.

Ein letztes Wort zum Würzen: Das Salz hat kein Monopol darauf. Unterschätz nie die Macht des Pfeffers, und ein Spritzer frischer Zitronensaft kann ein Gericht emporheben – oder manchmal sogar retten. Was den Zucker angeht: Wir holen lieber den natürlich enthaltenen Zucker einer Zutat hervor, anstatt ihn beim Kochen zuzugeben.

Olivenöl

Die Olivenölindustrie wird mit ebenso vielen Gaunereien in Verbindung gebracht wie der Drogenhandel. Genau wie schlechtes Rauschgift kann billiges Olivenöl gestreckt sein – das heißt, mit Öl von so geringer Qualität vermischt sein, dass es nur zum Anzünden von Lampen verwendet werden sollte. Und zwar aus dem gleichen Grund: Profitgier. Willst du das wirklich in deinem Salat haben?

Oft ist der Preis ein gutes Indiz – man bekommt, was man zahlt. Lass dich also nicht von romantischen Etiketten mit Frauen in Bauernröcken und attraktivem Oliventeint täuschen. Und denk nicht, dass »light« für fettarm steht. »Light« ist nur ein anderer Begriff für »raffiniert«. Das ist von geringerer Qualität als Olivenöl extra vergine, hat aber den gleichen Fettgehalt.

Raffiniertes Olivenöl durchlief einen chemischen Prozess, um ihm Gerüche und Aromen zu entziehen. Da drängt sich die Frage auf: Was war an denen denn falsch? Aber auch »reines Olivenöl« klingt schöner, als es ist: nämlich nichts anderes als raffiniertes Olivenöl mit ein wenig zugesetztem extra vergine.

Olivenöl extra vergine ist ein Produkt höchster Qualität, das nicht durch schlechte Verarbeitung verunreinigt wurde. Es verspricht Reinheit. Gutes extra vergine ist nicht fade – es sollte präsent sein und grün, grasig und so pfeffrig schmecken, dass es dich fast husten lässt. Die drei typischen Eigenschaften eines Olivenöls extra vergine sind: fruchtig, bitter und scharf.

Wir unterstützen gern regionale Hersteller. Probier einfach mehrere Marken aus, am besten möglichst regionale, und entscheide dann, welches dir am besten schmeckt.

Wenn man mir im Restaurant Olivenöl mit Brot bringt, frage ich mich immer, wie alt es wohl ist, ob es extra vergine ist oder draußen in der Sonne gestanden hat. – N

Lagerung

Olivenöl mag keine Hitze, kein Licht und keine Luft. Verschließ es fest, nachdem du es benutzt hast, und bewahr es in den kühlsten, dunkelsten Tiefen deines Küchenschranks auf. Wenn du eine ordentliche Summe für ein gutes Öl hingelegt hast, willst du sicher nicht, dass es verdirbt.

Kochen: mit welchem Öl?

Der Rauchpunkt ist die Temperatur, bei der ein Öl beginnt, sowohl Geschmack als auch Nährwert zu verlieren, und anfängt, Rauch zu entwickeln. Wer einmal das Öl in einer heißen Pfanne auf dem Herd vergessen hat, kennt den beißenden Geruch!

Man sollte Öl nie erhitzen, bevor es benötigt wird – sonst ruiniert es den Geschmack des Essens. Für Manöver mit hohen Temperaturen (wie Fleisch anbraten) verwenden wir Sonnenblumen-, Raps- oder Traubenkernöl. Sie haben einen höheren Rauchpunkt als Olivenöl. Außerdem schmecken sie neutral und beeinflussen den Geschmack des Gebratenen nicht.

Wir verwenden unser bestes Olivenöl extra vergine in Salatsaucen und geben ein paar Tropfen als letzten Kick kurz vor dem Servieren über ein Gericht, damit es sein typisches Aroma und seinen gesundheitlichen Nutzen behält. Olivenöl extra vergine denaturiert, wenn es erhitzt wird, und macht alle Ernährungsvorteile zunichte, allerdings verleiht es einer Speise Komplexität. Wir setzen es gern bei niedriger Hitze ein, zum Beispiel um Zwiebeln anzuschwitzen (Seite 74) oder *Soffritto* zu machen (Seite 93).

Butter verleiht Cremigkeit, eignet sich aber auch besser für niedrige Temperaturen, weil sie Milchtrockenmasse enthält, die leicht verbrennt. (Es kann helfen, ein wenig Sonnenblumenöl oder Rapsöl hinzuzufügen.)

Kräuter & Gewürze

Es gibt unendlich viele verschiedene Kräuter und Gewürze. Je länger man kocht, umso deutlicher kristallisieren sich Favoriten heraus. Für den Anfang wollen wir dir in diesem Buch die gängigsten ans Herz legen, die – mit Ausnahme von Basilikum – das ganze Jahr über erhältlich sind. Mach dich mit ihnen vertraut, indem du an ihnen riechst und sie probierst, bevor du sie zum Essen gibst. Mit der Zeit bekommst du ein Gefühl für ihre Eigenschaften.

Weichere und feinere Kräuter benutzt man gewöhnlich in frischer Form, am besten zum Ende des Kochvorgangs. Robustere Kräuter hingegen überstehen den Garprozess leichter und kommen dadurch sogar noch besser zur Geltung. Je frischer die Kräuter, umso wirkungsvoller. Ganze Gewürze bewahren ihr Aroma länger als gemahlene. In einem luftdicht verschlossenen Behälter halten sie bis zu einem Jahr.

Weichblättrige Kräuter

Petersilie: das Multitalent

Petersilie ist wie ein guter Freund: Sie kommt mit fast jedem klar und ist immer da, wenn man sie braucht. So wie ein wenig Puderzucker ein verpatztes Dessert retten kann, versteckt auch großzügig verteilte Petersilie so manche Kochsünde. Petersilie muss man nach dem Waschen gut trocknen: Wenn man sie nass hackt, bleibt die Textur nicht erhalten, der Geschmack wird verwässert, und sie lässt sich kaum streuen. Hack sie erst kurz vor der Verwendung, die Reste kannst du ohne schlechtes Gewissen wegwerfen.
Harmoniert mit: Knoblauch, Hähnchen, Kartoffeln, Sahne, Butter, Zitrone, Olivenöl, Pasta

Basilikum: tomatenverliebt

Duftendes, frisches Basilikum mit reifen roten Tomaten – das ist der Geruch des Sommers. Ob auf dem Teller oder in der Erde, Basilikum und Tomaten harmonieren gut miteinander. Pinienkerne und Parmesan sind zwei weitere klassische Begleiter des Basilikums. Wenn man sie gemeinsam im Mörser zerstößt, wird Pesto daraus. Basilikum ist empfindlich, die Blätter werden schwarz, wenn sie gequetscht werden (und das passiert leicht). Deshalb ist es besser, die Blätter mit den Fingerspitzen zu zerreißen, statt sie mit dem Messer zu hacken. Zupf sie außerdem lieber erst kurz vor dem Servieren vom Stängel.
Harmoniert mit: Tomaten, Olivenöl, Parmesan

Schnittlauch: Leise Zwiebeln

Schnittlauch hat dünne Halme, ähnelt Gras und besitzt ein Zwiebelaroma, wenn er geschnitten wird (sie gehören zur selben Familie). Vor der Verwendung muss er gut gewaschen und getrocknet werden, denn nasser Schnittlauch zerquetscht unter dem Messer – insbesondere wenn es nicht scharf ist. Wir schneiden Schnittlauch gern direkt in die Pfanne oder über dem Teller – dazu benutzen wir eine scharfe Küchenschere. So bekommt man ihn ganz fein.
Harmoniert mit: Butter, Hähnchen, Kartoffeln, Eiern, Erbsen

Hartblättrige Kräuter

Rosmarin: große Lammliebe

Rosmarin und Lamm sind wie füreinander gemacht – füg noch Knoblauch hinzu, und das Dreiergespann ist perfekt. Beim Braten im Backofen legen wir eine Lammhaxe auf ein Bett aus Rosmarinzweigen oder einen Zweig Rosmarin neben die Kartoffeln und nehmen ihn nach dem Garen heraus. Wenn wir Lammkoteletts marinieren (siehe Seite 154), ziehen wir die Nadeln mit den Händen am Zweig entlang ab, damit sie sich besser in der Marinade verteilen und mit dem Fleisch in Kontakt kommen. Wenn Rosmarin in der Pfanne kurz gebraten werden soll, hackt man ihn ganz besonders fein. Auch mit wenig Rosmarin kommt man weit.

Harmoniert mit: Lamm, Schweinefleisch, Hähnchen, Fisch, Tomaten, Knoblauch, Olivenöl, Zwiebeln, Kartoffeln

Thymian: der geneigte Freund

Thymian diskriminiert niemanden – ein paar Zweige davon lassen sich genauso gern in einen Rindfleisch-Möhren-Eintopf, wie zusammengebunden in die Bauchhöhle eines Hähnchens geben (siehe Seite 169) – oder im Verbund mit anderen Kräutern verwenden. Thymian entfaltet seine ganze Kraft, wenn er mit Pilzen in Butter geschmort wird.

Harmoniert mit: Hähnchen, Fisch, Knoblauch, Lamm, Zitrone, Olivenöl, Zwiebeln, Tomaten, Möhren, Pilzen

Lorbeerblatt: das Fundament

Zweifellos verleihen Lorbeerblätter Suppen, Eintöpfen und langsam Geschmortem das gewisse Etwas. Auch eine mit Lorbeer aromatisierte Milch gibt einer Béchamelsauce eine besondere Note. Lorbeerblätter gehören zu den wenigen getrockneten Kräutern, die wir empfehlen würden – schnupper vor der Verwendung an dem Blatt: Wenn es nicht so stark riecht, nimmst du einfach noch ein zweites.

Harmoniert mit: Rindfleisch, Schweinefleisch, Zwiebeln, Knoblauch, Kartoffeln, Sahne, Milch

Gewürze

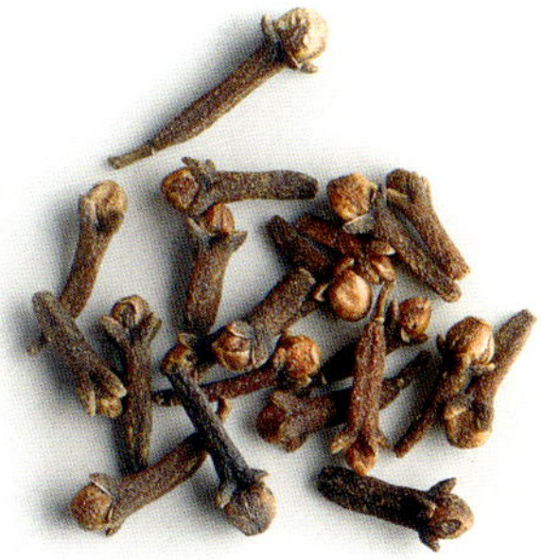

Nelken

Nelken machen Glühwein erst zu dem, was er ist. Sie werden aber auch oft in andere Lebensmittel, wie zum Beispiel Zwiebeln (siehe Seite 124), Orangen oder einen glacierten Weihnachtsschinken, hineingesteckt, um sie mit ihrem Aroma zu versetzen. Oder man gibt sie im Ganzen in die Pochierflüssigkeit für Obstdesserts. Schwach dosieren – Nelken sind stark!
Harmoniert mit: Zwiebeln, Orangen, Äpfeln, ganzem Schinken, Rotkohl, Rotwein, Birnen

Muskatnuss

Sie ist das klassische Gewürz in der Béchamelsauce, aber auch aus dem im englischsprachigen Raum sehr beliebten Eierpunsch nicht wegzudenken. Ungemahlen sieht die Muskatnuss tatsächlich wie eine Nuss aus. In Form von süßlich riechendem Staub wird sie gern in Gerichte gegeben, die viel Sahne, Milch oder Ei enthalten – meist gegen Ende der Garzeit.
Harmoniert mit: Kartoffeln, Ei, Spinat, Mangold, Kürbis, Butternuss-Kürbis

Chili

Wie Paprika wächst auch Chili zunächst grün und reift dann rot nach. Farbe und Größe sind zwar keine zuverlässigen Indikatoren für den Schärfegrad, aber häufig ist die kleinere Chilischote auch die schärfere. Falls du keinen frischen Chili findest, kannst du ruhig getrockneten nehmen.

Chili hacken

Was am Chili brennt, sitzt in den Samen und den Wänden. Wenn du es scharf magst: Lass sie drin. Wenn du empfindlich bist, solltest du diese Schärfezentren entfernen. So geht es am einfachsten:

- 1 Chilischote nehmen, das Stielende abschneiden und sie mit dem angeschnittenen Ende nach unten über das Spülbecken halten. Dann die Chilischote zwischen Daumen und zwei Fingern reiben, bis alle Samen herausgefallen sind. (Dadurch werden auch die Wände gelockert.)
- Den Chili wieder auf das Schneidebrett legen, der Länge nach in 2 Teile schneiden, die Wände abkratzen und so fein wie möglich hacken.

Hände und Schneidebrett danach sorgfältig waschen – und niemals die Augen berühren!

Wir waren einmal auf einer Farm, wo die Schweine frei herumlaufen, Nester (auch Kessel genannt) bauen, sich im Schlamm wälzen und all die schweinischen Dinge tun durften, die sie normalerweise tun. Es waren die glücklichsten Schweine, die man sich vorstellen kann – und wir haben dort das beste Schweinefleisch unseres Lebens gegessen. – N

Je ruhiger ein Tier ist, bevor es vor seinen Schöpfer tritt, umso besser ist die Qualität seines Fleisches. Wir legen so viel Wert auf die Zucht, aber die Schlachtung ist ebenso bedeutend. – N

Fleisch

Kauf gutes Fleisch. Leichter gesagt als getan. Händler werben großspurig mit getreidegefüttertem Rind, aber wir fragen uns: »Fressen Kühe nicht Gras?« Man verkauft uns Hähnchen, das nach Meer schmeckt. Wir wollen hier nicht über Ethik und Umweltbewusstsein predigen, aber wenn wir schon so viel Lebenszeit ins Kochen investieren, wollen wir auch, dass unser Steak nach Rindfleisch schmeckt.

Dank unserer Arbeit konnten wir oft hinter die Kulissen blicken und beobachten, wie Nahrungsmittel hergestellt werden. Das ist nicht immer schön und macht viele Entscheidungen schwieriger, nicht einfacher. Wir versuchen, das Richtige zu tun, indem wir auf Begriffe wie Freilandhaltung, grasgefüttert, bio, Weidehaltung, nicht medikamentös behandelt … achten, aber was wir wirklich wollen, sind Tiere, die gesund, glücklich und artgerecht von einem Bauern aufgezogen wurden, dem etwas an ihnen lag und der sie zumindest so stressfrei wie möglich geschlachtet hat. Wenn man nicht selbst jeden Bauernhof und jedes Schlachthaus untersucht, kann man niemals sicher sein, ob das, was man kauft, auch dem Aufdruck auf dem Etikett entspricht. Es gibt nur eine Lösung: Versuch dein Bestes.

Küchenutensilien

Im Allgemeinen halten wir eher Abstand von Küchenzubehör und sind der Überzeugung, dass die meisten Dinge sich mit einem scharfen Küchenmesser und einem robusten Holzbrett bewerkstelligen lassen. Manchmal aber gibt es erprobte Geräte, die sich wirklich lohnen. Deshalb stellen wir im Buch immer wieder Küchenhelfer für bestimmte Schritte vor und zeigen, wie sie uns das Leben erleichtern.

Nicht alle davon sind Must-Haves: je nach Vorliebe und Lieblingsgericht werden dir einige mehr nützen als andere. Denk immer daran, dass Erfindungsreichtum Teil des Spaßes ist, und verwende einfach, was da ist: Wenn du kein Nudelholz hast, trink den Wein aus und benutz die leere Flasche!

Drei Küchenutensilien, die du auf eine einsame Insel mitnimmst? – B

Außer Messer und Brett? – N

Natürlich! – B

Meine Salatschleuder, Kartoffelpresse und den ovalen Topf aus emailliertem Gusseisen. Und du? – N

Meine Flotte Lotte, das Wiegemesser und … zählt der Korkenzieher auch? – B

Maschinen, die »Ping« machen

Du wirst feststellen, dass wir nirgendwo im Buch eine Mikrowelle brauchen – weil wir keine haben. Nicht aus gesundheitlichen Gründen (die Debatte überlassen wir den Wissenschaftlern), sondern weil die elektromagnetischen Wellen in diesen Öfen die Wassermoleküle überhitzen und das wiederum alles um sie herum aufwärmt. Sie können einfach nicht die Art von Hitze erzeugen, die für eine Maillard-Reaktion oder zum Karamellisieren benötigt wird – zwei Prozesse, die wir bei den meisten unserer Zubereitungen brauchen. Mikrowellen wärmen Sachen nämlich von innen heraus.

Versuch mal, eine Kartoffel in der Mikrowelle zu garen: Sie wird sicherlich gar, aber du wirst niemals die Schale so schön knusprig und trocken hinbekommen wie in einem Backofen. Mikrowellen benutzt man am besten als Aufwärmgeräte, aber da wir meist frisch kochen und kaum Fertiggerichte essen, brauchen wir sie nicht.

Okay, und welches Kochbuch nimmst du mit? – B

Alice Waters, The Art of Simple Food. Rezepte und Glück aus dem Küchengarten. *Und du? – N*

Giorgio Locatelli, Made in Italy. Das Kochbuch. *– B*

Maße

Wir wollen dich nicht mit Maßvorgaben überhäufen, aber damit du weißt, ob du auf dem richtigen Weg bist, sagen wir dir, wovon wir reden:

1 Esslöffel = 15 ml
1 Teelöffel = 5 ml
1 Tasse = 240 ml

Hitze

Für uns ist Kochen ein Sport zum Anfassen, und man kann nur dann gewinnen, wenn man die Wärmequelle im Griff hat. Man muss ein Gefühl dafür bekommen, wie hoch oder niedrig sie maximal wird und welche Herdplatte oder Gasflamme sich wofür am besten eignet.

Auf dem Gasherd kocht man mit sehr direkter Hitze: Topf oder Pfanne erreichen die gewünschte Temperatur sehr schnell. Elektrische Herdplatten brauchen dagegen länger, um aufzuheizen und abzukühlen. Also musst du genau wie bei einem Backofen daran denken, die Herdplatte vorzuheizen, während du schneidest und vorbereitest, damit sie die richtige Temperatur hat, wenn du anfangen willst. Wenn du während des Kochens die Hitze reduzieren willst, mach dich darauf gefasst, Topf oder Pfanne kurz vom Herd zu nehmen, bis die Herdplatte heruntergekühlt ist.

Ganz wichtig: Bei hohen Temperaturen nicht nervös werden (brennt das an?) und bei niedrigen Temperaturen nicht besorgt sein (ist das auch durch?), sonst wird dein Essen immer Mittelmaß bleiben und du niemals wirklich dein Ziel erreichen.

Manchmal sind Extreme nötig. Die Maillard-Reaktion findet nur bei hohen Temperaturen statt, und Zwiebeln werden ihre ganze Süße nur preisgeben, wenn du sie geduldig bei niedrigen Temperaturen anschwitzt. Leider benutzen die meisten Leute antihaftbeschichtete Töpfe und Pfannen falsch: Sie versengen die Zwiebeln auf dem viel zu heißen Boden oder kochen alles in einem Topf mausetot – und fangen das Zittern an, wenn sie ein Steak scharf anbraten sollen.

Wir quatschen oft miteinander, während wir das Abendessen zubereiten. Wir können nicht gleichzeitig kochen (zu viele Köche …), also übernimmt einer von uns das Kommando. Wenn Brandon der Chefkoch ist, bindet er sich ein Stirnband um (wie ein Synthiespieler aus einer 1980er-Jahre-Band) und gießt uns beiden ein Glas Wein ein. Ich wasche die Bohnen und nehme das Fleisch aus dem Kühlschrank. Er fängt an, die gusseiserne Pfanne zu erhitzen. Manchmal lassen wir das Kochen – das Geschirrtuch noch in der Hand – plötzlich sein und erzählen uns, was den Tag über so passiert ist. Und dann geht es zurück zur herrlich erdenden Aufgabe des Schnippelns. Das Abendessen ist bei uns selten vor 21 Uhr fertig. – N

Aufmerksamkeit

Jetzt brauchen wir deine Hilfe. Deine Küche sieht wahrscheinlich nicht wie unsere aus – oder die deiner Nachbarn –, und deine Pfanne und dein Herd auch nicht. Wir kochen auf einem Gaskochfeld in keramikbeschichteten Töpfen; damit sind unsere Rezepte getestet worden. Es kann aber sein, dass du vielleicht nur eine funktionierende elektrische Herdplatte hast und eine alte Teflonpfanne aus den Neunzigern. Vielleicht besitzt du aber auch einen hochmodernen Induktionsherd und eine ganze Batterie glänzender Kupfertöpfe.

Du wirst sehen, dass wir keine übergenauen Angaben machen, sondern von niedriger, mittlerer und hoher Stufe reden; wir wollen nur die Richtung vorgeben. Setz deinen Verstand ein und schärfe die Sinne, beobachte, welche Geräusche dein Essen macht, wie es aussieht oder wie es riecht – geh nah ran und schnupper dran. Wir versuchen, die Dinge immer genau zu beschreiben, denn du sollst ja wissen, worauf du achten musst. Dann kannst du selbst Jury über dein Essen spielen – und unsere Ideen in deiner Küche und mit deinem Handwerkszeug umsetzen.

Sei dabei

Eines noch: Es ist nicht schwer, gut zu kochen, aber du musst dir Zeit dafür nehmen und an den wichtigen Stellen vollen Einsatz zeigen – also nicht auf dem Handy tippen und kein Multitasking beim Zwiebelschmoren! Kochen klappt nicht, wenn man hetzt. Wenn du müde oder schlecht drauf bist, lass es lieber. Bestell dir etwas vom Lieferservice. Koch dann, wenn du Lust darauf hast.

KAPITEL 1

Knoblauch

Ein guter Anfang: Die
»stinkende Rose« und der
Respekt, der ihr gebührt …

So wird's gemacht

Wir hegen starke Gefühle für Knoblauch – entschuldige das Wortspiel. Er macht uns keine Angst – und das sollte er dir auch nicht machen. Wir empfehlen allen Nichtvampiren wärmstens, diese tolle Knolle ausgiebig zu verwenden, um das Aroma ordentlich zu pushen.

Irgendwie verwandeln sich die Leute bei der bloßen Erwähnung von Knoblauch in eine scheue Jungfrau, sie ziehen bei seiner Verarbeitung Latexhandschuhe an oder lehnen höflich alles ab, was mit ihm in Berührung gekommen ist, aus Angst davor, damit andere zu belästigen. Bei uns jedoch ist er sehr willkommen, denn wir wissen, dass frischen, ganzen Knoblauchknollen nichts vorzuwerfen ist.

Knoblauch hat eine Saison. Wie von den meisten frischen Produkten erwarten wir unfairerweise auch von ihm, dass er gefälligst das ganze Jahr über zu haben sei, obwohl wir eigentlich im Frühjahr seine Ankunft und im Sommer seine Hochsaison feiern sollten. Im Winter kann er fleckig werden und zu keimen beginnen – die Spuren des Alters.

Wir lösen die grünen Sprossen heraus, die durch die Mitte der Zehen gehen, weil sie sich nicht – so wie der Rest der Knoblauchzehe – zu einer Paste zerdrücken lassen –, außerdem habe ich gehört, sie sollen schwer verdaulich sein. – N

So wie man vor dem Kauf an einer Melone riecht oder auf eine Tomate drückt, sollte man auch Knoblauch mit Bedacht auswählen. Achte darauf, dass die Zehen eng nebeneinandersitzen, und zwar so prall, als seien sie ganz scharf darauf, aus ihrer papierenen Schale zu springen – wie ein Playboy-Häschen im Kostüm. Lass die Finger von weichen, porösen oder streng riechenden Knollen.

Knoblauch sollte erst wenige Augenblicke vor der Verwendung vorbereitet werden, denn er beginnt, sobald er geschnitten wurde, zu oxidieren (mit anderen Worten: Er wird gelb und fängt an, faul zu riechen). Deshalb hat ihm die industriell verarbeitete Variante zu einem so schlechten Ruf verholfen – und uns allen zu schlechtem Atem! Wer weiß schon, wie lange er bereits in dem Döschen sitzt?

Wenn man eine frische Zehe nimmt und sie gart, werden die für den Geruch verantwortlichen Schwefelbestandteile zerstört. Sie wird weich und verwandelt sich in ein würziges, süßliches und leicht erdiges Etwas. Der angenehme Geruch von gehacktem, in Butter dünstendem Knoblauch wird auch einen zögerlichen Knoblauchesser dazu verführen, zum Abendessen zu bleiben.

Auf den folgenden Seiten wird dir häufig Knoblauch begegnen – und zwar jede Menge. Jeder hat einen anderen Gaumen, wir sind also nicht beleidigt, wenn du die Menge deinem Geschmack anpasst. Aber probiere es doch zunächst einmal auf unsere Art und entscheide dann.

Messer und Brett

Das Kochen beginnt bei uns fast immer mit unserem wohl erprobten Holzbrett und einem scharfen Messer. Wir bevorzugen Holz, weil es eine solide Basis ist. Was auch immer du schneidest oder hackst, es wird nicht (wie auf Glas) verrutschen – und das Messer nicht so stumpf werden lässt wie andere Materialien.

Unser Alltagsmesser hat eine 16 cm lange Klinge. Such dir eine Größe und Form, die dir liegt. Wichtig beim Kauf: Ein Messer guter Qualität hat eine Klinge, die mitten durch den Griff geht, so ist es ausbalanciert und fällt nicht auseinander. Qualitativ hochwertiger und harter Stahl besitzt eine schärfere Kante, die länger scharf bleibt und sich leichter schärfen lässt. Je mehr du kochst, umso mehr Wert wirst du darauf legen, dass du den Küchenkampf mit einer Waffe austrägst, die ein Meisterschmied hergestellt hat.

Wir haben ein Schneidebrett, das Zwiebeln, Knoblauch, Essiggurken, Chilis und so ziemlich allem vorbehalten ist, was seine Anwesenheit nicht verheimlichen kann. – N

Knoblauchpressen sehen zwar einfacher aus, aber es ist eher umständlich, sie wieder zu säubern. Vor allem aber kommt dabei etwas heraus, das auf halbem Weg zwischen fein gehacktem Knoblauch und Paste liegt. Nutzlos! Spiel lieber mit Messern. – B

Falls du besorgt bist, dass deine Hände nach dem Hacken nach Knoblauch riechen könnten, dann reib sie an etwas, das aus Edelstahl ist – wie dem Spülbecken – und spül sie dann unter laufendem Wasser ab. Ich habe keine Ahnung, warum, aber es klappt. – B

Knoblauch arbeitet nach dem »Als Erster da, als Letzter gehen«-Prinzip. Mit anderen Worten: Wenn sein Aroma im Hintergrund bleiben soll, muss er ganz zu Anfang hinzu und langsam mitgaren. Wenn er seine pikante Knoblauchpräsenz entfalten soll, fügst du ihn zum Schluss hinzu. – B

Was zu tun ist

Wir hacken Knoblauch auf demselben Brett und mit demselben Messer, das wir auch für Zwiebeln verwenden – dann muss man nicht noch nach einem zweiten Stück suchen und hat nachher weniger Abwasch. Ein Messer gibt dir zudem mehr Kontrolle über den Knoblauch, wenn du ihn zu einer feinen Paste machen willst. Sobald du dich daran gewöhnt hast, wirst du nie wieder eine Knoblauchpresse in die Hand nehmen.

Salz ist hier die Geheimzutat (Meersalzflocken eignen sich besonders gut). Wenn man Knoblauch fein hackt oder zur Paste zerdrückt, mahlen die harten Salzkristalle gegen den gehackten Knoblauch und zermalmen ihn, bis er klebrig und breiig wird. Magisch!

- Eine Knoblauchzehe auf ein Holzbrett legen und mit der flachen Seite des Messers fest darauf drücken, sodass die Schale abspringt.
- Die Schale ablösen und die Zehe grob hacken, um sie aufzubrechen.
- Mit Salz bestreuen und weiterhacken.
- Jetzt kann man weitermachen, bis der Knoblauch ganz fein gehackt ist, oder …
- … ihn zu einer glatten Paste zerdrücken. Den fein gehackten Knoblauch erneut (großzügig) mit Salz bestreuen und die flache Seite des Messers darauflegen. Auf das Messer drücken und es über den Knoblauch ziehen, dabei nach unten und zur Seite schmieren, bis er sich in eine cremige Masse auflöst.

Fein gehackt oder Paste?

Für Dressings und Saucen – wie Steves Sauce auf Seite 62 – verwenden wir Knoblauchpaste. Wenn der Knoblauch eine andere Zutat umschmeicheln soll, wie zum Beispiel die grünen Bohnen auf Seite 110 oder die Pilze auf Seite 132, dann hacken wir ihn so fein wie möglich.

Knoblauch garen

Es liegen nur wenige Sekunden zwischen knusprig, nussig, goldbraun gedünstetem Knoblauch und verbranntem Knoblauch, der bitter schmeckt. Wenn wir ihn in der Pfanne braten, geben wir die anderen Zutaten meist dann hinzu, wenn der Knoblauch sich dem richtigen Stadium nähert. So sinkt die Temperatur in der Pfanne, und man vermeidet, dass der Knoblauch anbrennt.

ganz

gehackt

fein gehackt

Paste

Salatsauce

Solange du Essig und Olivenöl extra vergine im Schrank hast, gibt es keinen Grund, eine fertige Salatsauce zu kaufen. Du kannst es wie die griechische Hausfrau machen und Essig und Öl fein über die Blätter träufeln oder beides mit Salz und Pfeffer verrühren, um eine französische Vinaigrette zuzubereiten.

Zunächst wird es so aussehen, als würden sich Öl und Essig verbinden, aber sobald man sie in Ruhe lässt, werden die beiden zwei getrennte Schichten bilden. Um sie zu binden und eine dicke, cremige und stabile Sauce zu erhalten, braucht es eine weitere Zutat wie Senf oder Knoblauchpaste. Das ist die Gelegenheit, unser neu erworbenes Knoblauchwissen anzuwenden.

Ich übertreibe es meistens mit Knoblauch und liebe ihn in dieser Sauce, würde aber empfehlen, etwas spießig zu sein – eine Zehe reicht aus. – B

Knoblauch-/Senfvinaigrette

Die Vinaigrette mit Knoblauch nennen wir zu Hause »Das Alice-Dressing«. Jahrelang haben wir unsere Vinaigrette mit Senf cremig gerührt, aber bei der Lektüre der Bücher von Alice Waters und ihrer Mentorin Lulu Peyraud kam uns die Erleuchtung: Eine zur Paste zerquetschte Knoblauchzehe erfüllt genau denselben Zweck.

Wir meinen wirklich Paste, denn sonst ergibt sich keine cremige Emulsion, sondern Öl und Essig mit Knoblauchbröckchen. – N

1 Knoblauchzehe, zur Paste zerdrückt (wie auf Seite 38 erklärt)
oder 1 TL Dijon-Senf
1 EL Weißweinessig (rot oder weiß)
3 EL Olivenöl extra vergine
Meersalzflocken und frisch gemahlener schwarzer Pfeffer

Kein Balsamico-Essig bitte! Er bringt nicht die nötige Säure mit. Nebenbei bemerkt: Nachdem Balsamico in den Neunzigern so angesagt war, sind die Regale jetzt voll von billigem Abklatsch. – N

1. Knoblauch oder Senf in einen Mixbecher geben, den Essig zufügen, fest verschließen und gut schütteln.
2. Das Olivenöl hinzufügen und erneut gut schütteln, bis sich alles verbindet.
3. Abschmecken – und nach Belieben würzen. Falls der Geschmack zu scharf ist, 1 oder 2 weitere Esslöffel Olivenöl zufügen und erneut gut durchschütteln. Denke jedoch daran, dass die Sauce immer deutlich intensiver als gewünscht schmecken sollte, da sich der Geschmack stark abschwächt, wenn sie unter die Blätter gemengt wird.

Im Knoblauch ist bereits Salz, deshalb würzt Nikki nur die Salatblätter. Ich würze auch die Vinaigrette. – B

Ergibt 60 ml = ausreichend für 120–150 g Salatblätter

Ich ziehe noch immer die Vinaigrette mit Senf vor, weil sie so schnell geht. Auch wenn dir Senf nicht schmeckt: Wir verwenden ihn wegen seiner speziellen Eigenschaften (er wirkt emulgierend) und nicht, um das Senfaroma zu bekommen. – N

Mach deine Sauce daraus

… heb 1 Esslöffel fein geschnittenen Schnittlauch oder fein gehackte glatte Petersilie unter die Sauce, bevor du sie über die Salatblätter gibst.

1 TEA SPOON 5.0ml
1 TABLE SPOON 15.0ml
1 TABLE SPOON 15.0ml
1 TABLE SPOON 15.0ml
1 TABLE SPOON 15.0ml

KAPITEL 2

Salat

Nun hast du deine Salatsauce.
Schauen wir mal, was sich
damit anstellen lässt …

Bezirze deine Blätter

Spülen, schleudern, trocknen – klingt wie die Programmanleitung deiner Waschmaschine? Ja, und genau das kann einen Salat emporheben oder ruinieren. Präg es dir wie ein Mantra ein, denn jeder gelungene Salat lässt sich darauf zurückführen, wie du deine Blätter behandelt hast.

Denk darüber nach. Während die Salatsauce dem Salat Geschmack verleiht und ihn zusammenhält, geben die Blätter das Kompliment zurück – sie fungieren als Träger der Sauce. Damit sie ihren Job tun können, müssen sie sauber und ganz trocken sein. Trocken wie Dinosaurierknochen. Warum? Weil verbliebene Wassertropfen die Sauce verdünnen und sie dann nicht an den Blättern kleben bleibt.

Die Blätter geben der Sauce, genau wie bei Pasta, Struktur und Textur, und dafür müssen sie knackig und frisch sein – ohne Schäden, ob nun durch die Zeit oder von Menschenhand. Deshalb nehmen wir ganze Salatköpfe statt abgepackte Salatmischungen. Sie sind frischer und halten meist länger als vorgewaschene und abgepackte Blätter, die zusammenzufallen scheinen, sobald man die Tüte öffnet.

Wenn man die Blätter selbst abtrennt, kann man sich seine eigene Mischung basteln. Jedes Salatblatt, von knackigem Eisbergsalat bis zu weichem, pfeffrigem Rucola, hat seinen eigenen Geschmack und seine besondere Textur. Wenn du zwischen verschiedenen Sorten wählst, kannst du das Geschmacksprofil deines Salats stets neu beeinflussen, ohne dafür den ganzen Inhalt deines Kühlschranks in die Schüssel kippen zu müssen.

Einmal habe ich unserem zehn Jahre alten Patenkind Gabriel einen eleganten, klassisch französischen Kopfsalat mit Senfvinaigrette serviert. Er sah den Teller an und dann mich: »Wo ist denn der Rest vom Salat?«, fragte er. – N

Salat erleidet allzu oft das gleiche Schicksal wie Quiche. Alle Reste werden hier abgeladen ... Hinein mit dem restlichen Speck, getrockneten Cranberrys, Blauschimmelkäse und – ah ja, da sind ja noch ein paar Sprossen! – ganz egal, ob diese Zutaten wirklich zusammenpassen. Haben wir denn ganz vergessen, worum es geht? Beim Salat geht es um die Blätter!

Nirgendwo ist eines unserer Prinzipien mehr angebracht als hier: Es geht nicht darum, was man hineintut, es geht darum, was man tut. Bevor wir die Ärmel hochkrempeln, die Kochtöpfe hervorholen und das Gas andrehen, besinnen wir uns auf das Wesentliche: das Grün. Lass uns einen grünen Salat machen.

Weiche Blätter

Knackige Blätter

Was zu tun ist

Waschen & abtropfen

Wenn du die Blätter in einer Schüssel wäschst statt in der Spüle, solltest du nicht alles ins Sieb gießen, sonst gelangen Steinchen mit hinein. – N

Füll das (saubere) Spülbecken mit Wasser, leg die Blätter hinein und beweg sie hin und her. Kurz ruhen lassen, damit Schmutzreste sich am Boden absetzen können. Die Blätter aber nicht einweichen lassen, sonst saugen sie Wasser auf. Wenn dein Salat direkt aus dem Garten kommt, solltest du reichlich grobes Salz mit ins Wasser geben, um Ungeziefer abzutöten. Dann im Wasser gut schütteln (die Blätter, nicht das Ungeziefer!), um den Schmutz zu entfernen. Die Blätter herausnehmen und in einem Sieb abtropfen lassen.

Schleudern

Die Blätter in eine Salatschleuder geben und schleudern – das gelingt am besten in kleineren Mengen. Das in der Salatschleuder gesammelte Wasser nach jedem Schleudern ausleeren – du wirst es am Boden sehen. Zur Sicherheit ein zweites Mal schleudern.

Trocknen

Wenn ich den Salat nicht gleich serviere, lagere ich die Blätter in Geschirrtüchern auf der untersten Ablage des Kühlschrankes, bis es so weit ist – aber nie länger als drei bis fünf Stunden. – N

Ein paar Blätter aus der Schleuder nehmen und 2 Handvoll auf dem unteren Drittel eines sauberen Geschirrtuchs verteilen. Sie sollten nebeneinanderliegen und sich nicht überlappen. Das Tuch vorsichtig einrollen, um die Blätter trocken zu tupfen (siehe Foto Seite 2). Mit den verbleibenden Blättern wiederholen. Die Geschirrtücher wieder entrollen und mit der Zubereitung des Salats fortfahren.

Mit Salatsauce vermengen

Aus dem gleichen Grund kann man auch Salatreste nicht aufbewahren – nur Salatsauce und trockene Blätter. – N

Von dem Augenblick an, in dem die Blätter mit der Sauce in Kontakt kommen, beginnen sie zu erschlaffen, bis sie irgendwann zu Algen werden. Bereite deshalb Blätter und Salatsauce vor und vermeng beides erst Minuten – nein, Sekunden – vor dem Servieren.

Ich mische Salat gern mit den Händen. Salatbesteck aus Metall – aber auch aus Holz – kann die Blätter beschädigen oder zerreißen. Mit den Händen spürt man zudem sehr gut, wann der Salat genug Sauce hat. – N

Die Geschirrtücher öffnen, größere Blätter noch einmal zerzupfen und in eine Schüssel geben. Die Salatsauce nach und nach zugeben, vermengen und probieren, ob der Geschmack passt. Sei nicht zu sparsam, aber ertränk die Blätter auch nicht – jedes Blatt sollte dank einer dünnen Schicht Vinaigrette glänzen, ohne dass sich am Boden der Schüssel eine Pfütze bildet.

Würzen

Mit Meersalzflocken bestreuen und mit frisch gemahlenem Pfeffer würzen; nach dem ersten Mischen ein Blatt probieren. So lange würzen, bis der Geschmack rund ist.

Die Salatschleuder

Kauf dir heute Nachmittag eine Salatschleuder – es wird dein Leben verändern. Sie schleudert die Wasserreste wirkungsvoll von den Salatblättern (oder Kräutern), ohne sie zu zerdrücken. Wir haben noch nichts gefunden, das diesen Job besser erledigen würde.

Falls du noch keine Salatschleuder hast, lässt du die Blätter in einem Sieb abtropfen und schüttelst es dabei gut, dann wird der größte Teil des Wassers entfernt. Breite sie über einem sauberen Geschirrtuch aus, bedeck sie mit einem zweiten Tuch und tupf sie so vorsichtig trocken wie ein Neugeborenes. Nachdem du sie behutsam trocken getupft hast, rollst du die Geschirrtücher mit den Blättern dazwischen auf.

Grüner Salat mit Parmesan und Pinienkernen

Schlicht und schön. Knackig, nussig, salzig und auf den Punkt – gegensätzliche Aromen und frischeste Zutaten.

Wir verwenden einen Sparschäler, um Parmesan dünn zu hobeln. – N

120–150 g Salatblätter (probier es mit 1 großen Romana-Salat und 40 g Rucola)
1 Portion Knoblauchvinaigrette (siehe Seite 40)
Meersalzflocken und frisch gemahlener schwarzer Pfeffer
40 g (oder mehr!) Parmesan, gehobelt
30 g (oder mehr!) Pinienkerne, geröstet

1. Die Salatblätter wie auf Seite 46 beschrieben säubern, mit der Vinaigrette mischen und würzen.
2. Mit Parmesan und Pinienkernen bestreuen und sofort servieren.

Reicht für 4 Personen als Beilage

Pinienkerne rösten

Pinienkerne sind teuer, aber sie sind es wert. Ich nenne sie Eichhörnchengold – kannst du dir vorstellen, wie schwierig es sein muss, sie ohne Daumen aus einem Pinienzapfen zu holen? – B

Eine Pfanne (ohne Öl) maximal auf mittlerer Stufe erhitzen und die Pinienkerne hineingeben. Sie sollten den Boden in einer Schicht bedecken.
Die Pinienkerne mit einem Holzlöffel oder Pfannenwender in der Pfanne bewegen, bis sie rundherum goldbraun sind – aufmerksam beobachten, da sie leicht verbrennen. Sofort vom Herd nehmen. Wir bereiten meist ein ganzes Päckchen zu und bewahren die übrig gebliebenen Kerne in einem verschlossenen Behälter im Kühlschrank auf.

Wann man den Salat serviert

Manchmal essen wir den Salat zum Hauptgang (wie dem Filet auf Seite 142). Manchmal fühlt es sich aber auch genau richtig an, einen Salat nach einem schweren Hauptgericht zu essen, damit er den Magen aufräumt. Das ist die französische Art: Man isst den Salat nach dem Hauptgang, vor dem Käse und dem Dessert. Essig verträgt sich gar nicht mit Wein (servier niemals deinen besten Wein zum Salat). Wenn der Salat also nach dem Hauptgang kommt, sind die Chancen geringer, dass sich diese beiden gemeinsam auf dem Tisch befinden.

Unsere Lieblingskombinationen

Mir genügt eigentlich eine interessante Mischung von Blättern, aber ich füge auch andere Zutaten dazu, wenn sie passen. Brandons Parmesan und Pinienkerne passen wirklich gut. – N

- Kopfsalat + Eisbergsalat + dünn geschnittene Radieschen + Senfvinaigrette, mit Weißweinessig und Schnittlauch zubereitet
- Wilder Rucola + Senfvinaigrette zu gegrilltem Hähnchen (Seite 169)

KAPITEL 3

Zartheit

Wenn du am Ende dieses Kapitels angelangt bist, wirst du dir ein Abendessen zubereiten können: Salat und Hähnchen …

Erstklassige Hähnchenbrust

Gleich werden wir dir ganz viel über Geschmack erzählen, aber lass uns zuvor kurz eine Pause machen und überlegen, wie entscheidend die Konsistenz dafür ist, dass wir eine Zutat als wohlschmeckend empfinden. Konsistenz und Geschmack sind untrennbar miteinander verbunden, denn aufgeweichte Kartoffelchips werden niemals an knusprige heranreichen, und ein trockenes Stück Hähnchenfleisch wird niemals so gut schmecken wie ein saftiges.

Hähnchen kann überraschend schwierig sein, insbesondere das enthäutete, entbeinte, filetierte Stück. Du weißt schon, das aus der Tiefkühltruhe im Supermarkt, aus dem sich immer ein Abendessen machen lässt und das dazu neigt, in unserem Einkaufswagen zu landen, wenn uns die Ideen ausgehen.

Hähnchen kann tödlich sein, wenn es nicht ausreichend gegart ist. Wenn es zu lang gegart ist, könnte man meinen, auf Doc Martens zu kauen. Wie also kann man sicher sein, dass die Hähnchenbrust durch und durch zart ist, noch bevor man sie gebraten hat? Ganz einfach: Man halbiert sie, bevor man anfängt.

Wenn man eine Hähnchenbrust horizontal durchschneidet, erhält man zwei dünnere Hälften. Je dünner etwas ist, umso schneller ist es durchgegart. Also kann sie gar nicht zäh werden, weil sie dafür nicht lang genug in der Pfanne bleibt.

Indem du festlegst, wie dick (oder eher wie dünn) deine Hähnchenbrust sein wird, gewinnst du die Kontrolle. Damit hat das Rätselraten auch sofort ein Ende, weil du genau weißt, wie lang sie gegart werden muss – in diesem Fall nur 3 Minuten, vorausgesetzt, deine Hähnchenbrust ist 5 mm dick und die Pfanne ist auf die richtige Temperatur vorgeheizt. Als kleinen Bonus erhältst du doppelt so viel Oberfläche zum Würzen – ist immer gut für den Geschmack.

Dieses Rezept ist relativ geradlinig, erfordert aber Umdenken. Denn du wirst die meiste Zeit nicht am Herd, sondern beim Vorbereiten an der Arbeitsfläche verbringen. Es folgt demselben Prinzip, das den meisten unserer Methoden zugrunde liegt: Nimm dir Zeit für die Vorbereitung, und der Erfolg wird sich mühelos einstellen.

Bevor du anfängst, möchten wir noch einmal klar sagen, worum es geht. Aus einer Hähnchenbrust sollst du zwei gleich dicke Hälften schneiden. Jede Hälfte sollte flach ausgebreitet etwa einen halben Zentimeter dick sein.

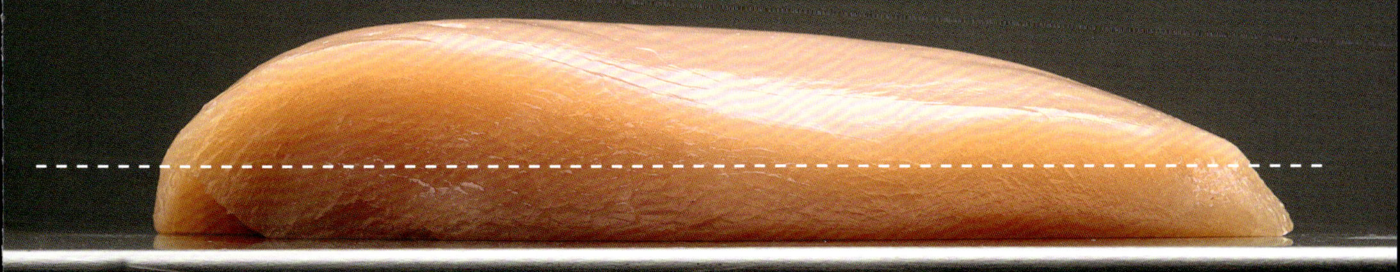

Die Hähnchenbrust auf ein Brett legen und mit einer Hand flach halten. Ein großes, scharfes Messer nehmen und damit vorsichtig horizontal durch das Fleisch schneiden, um zwei gleich große Hälften zu erhalten. Mit der zweiten Hähnchenbrust wiederholen.

Eine Hälfte auf das Brett legen, mit einem Stück Frischhaltefolie bedecken und das Hähnchenfleisch mit der Mitte des Nudelholzes (nicht mit dem Rand) klopfen, bis es gleichmäßig flach ist. (Bitte bau hier nicht deinen Frust ab – wenn du zu hart auf das Fleisch klopfst, bekommt es Löcher!) Mit den anderen Hähnchenbrusthälften wiederholen.

Drei-Minuten-Hähnchen

2 Hähnchenbrustfilets
Meersalzflocken und frisch gemahlener schwarzer Pfeffer
2 TL Mehl
2 TL Pflanzenöl
120 ml trockener Weißwein

Du brauchst außerdem:
Eine große Pfanne – unsere hat 28 cm Durchmesser
Ein Nudelholz – falls nicht vorhanden, eine leere Weinflasche
Frischhaltefolie oder Backpapier

Sobald das Hähnchenfleisch vorbereitet ist, muss alles sehr schnell gehen. Deshalb solltest du bereits das Öl in der Pfanne, den Wein zur Hand und einen warmen Teller bereit haben, auf den das gegarte Hähnchenfleisch kommt. Um nicht mit den Hähnchenhänden in den Mehlvorrat greifen zu müssen, gibst du das Mehl besser jetzt auf einen Teller.

1. Die Hähnchenbrust, wie vorn beschrieben, halbieren und flach klopfen. Großzügig mit Salz und Pfeffer würzen.
2. Die flach geklopfte Hähnchenbrust von beiden Seiten in das Mehl drücken, damit sie gleichmäßig bemehlt ist. Überschüssiges Mehl abschütteln. Ein kleines Stückchen vom Fleisch abschneiden, um die Temperatur in der Pfanne zu testen.
3. Das Öl in der Pfanne auf mittlerer Stufe erhitzen. Wenn das Öl zu flimmern beginnt, das Teststück in die Pfanne geben – wenn es sofort brutzelt, hat das Öl die richtige Temperatur.
4. Die Hähnchenbruststücke in die Pfanne legen und 1–2 Minuten braten – man sieht, wie die Ränder weiß werden – und dann umdrehen. 1–2 Minuten von der anderen Seite garen. Wenn die Pfanne die richtige Temperatur hat, sollte das Fleisch an der Oberfläche leicht bräunen.
5. Den Wein in die Pfanne gießen (er wird spritzen und sprudeln), dann die Hähnchenbrust sofort aus der Pfanne nehmen und auf dem warmen Teller beiseitestellen (das Fleisch soll nicht durch weiteres Kochen zäh werden).
6. Den Wein etwa 1 Minute lang einkochen, bis er einer dicklichen Sauce gleicht (das abgesetzte Mehl vom Hähnchenfleisch hilft dabei). Mit einem Pfannenwender aus Holz festgesetzte Reste vom Pfannenboden schaben – man nennt das ablöschen (mehr darüber in Kapitel 13).
7. Diesen weinlastigen Pfannensud über das Hähnchen verteilen und sofort servieren.

Macht 2 Personen satt

So wird's extravagant

… wenn der Wein zur Hälfte reduziert ist, 1 Esslöffel fein gehackte Petersilie dazugeben.

Die Pfanne

Sobald du in ein vernünftiges Messer investiert hast, solltest du anfangen, für eine Pfanne zu sparen. Für dieses Hähnchenrezept und die meisten unserer Pfannenrezepte verwenden wir eine Pfanne mit dünnem Boden, die leicht zu reinigen ist (im Gegensatz zu der gusseisernen Pfanne für das Filet auf Seite 139).

Man muss beim Kauf einer Pfanne drei Dinge bedenken. Zunächst die Oberfläche: Wir haben bei Teflon unsere Bedenken, mögen aber Antihaftbeschichtung. Es gibt eine Reihe von umweltfreundlichen, modernen Alternativen, die sehr gut funktionieren.

Außerdem Größe und Form: Alles, was etwa 25 cm Durchmesser umfasst, eignet sich als Pfanne für jeden Tag. Ein relativ hoher Rand ist nützlich, damit man in der Pfanne rühren kann, ohne dass etwas überschwappt. Vor allem aber solltest du nach einer stabilen, gut gebauten Pfanne mit einem genieteten Griff (vorzugsweise aus Metall) Ausschau halten. Ein Billigmodell mit einem von einer kleinen Schraube gehaltenen Plastikgriff kann einen in den Wahnsinn treiben.

Wir klopfen das Fleisch mit einem alten Nudelholz, das seine Griffe bereits verloren hat. – N

Hähnchenschnitzel

Da du jetzt Hähnchenfilets flach klopfen und in Mehl wenden kannst, warum nicht gleich Schnitzel zubereiten? (Foto auf Seite 117)

Die Brösel sollten wie Sägemehl aussehen und leicht durch die Löcher eines Standardsiebs passen. – N

Und zwar so, dass Hänsel und Gretel nach einem Blick sagen würden: »Pah! Die werden doch nie funktionieren!« – B

1 XL-Ei
1 EL Dijon-Senf
1 TL Meersalz
1 TL frisch gemahlener schwarzer Pfeffer
1 Tasse feine Semmelbrösel (siehe unten)
2 EL Mehl
3 EL Pflanzenöl
2 Hähnchenbrüste, wie auf Seite 53 beschrieben vorbereitet, damit sie so dünn wie möglich sind!

Dank des Zahnstochers musst du deine Finger nicht ins Ei tauchen und du kannst das Fleisch mit Bröseln bedecken statt dich selbst! – B

1. Ei und Senf in einer flachen Schüssel mit der Gabel schlagen. Dadurch wird das Ei nicht nur gewürzt, sondern haftet auch gleichmäßiger an. Salz und Pfeffer unterheben. Die Semmelbrösel auf einem Teller ausbreiten.
2. Die flach geklopften Hähnchenbrustfilets von beiden Seiten in das Mehl drücken, damit sie gleichmäßig bedeckt sind. Überschüssiges Mehl abschütteln. Die Hähnchenfilets mit einem Zahnstocher anheben und in die Eimischung tauchen, bis sie rundherum benetzt sind. Hochhalten, um überschüssiges Ei ablaufen zu lassen, dann auf den Teller mit Semmelbröseln legen und von beiden Seiten hineinpressen, damit die Semmelbrösel gleichmäßig anhaften.
3. Das Öl in eine Pfanne mit 28 cm Durchmesser gießen und auf mittlerer Stufe erhitzen. Ein paar Semmelbrösel in die Pfanne geben, um die Temperatur zu testen – wenn sie im Öl brutzeln und springen, ist es heiß genug.
4. Die panierten Filets in die Pfanne legen und erneut den Zahnstocher dafür benutzen und von jeder Seite etwa 2 Minuten braten, bis sie von außen goldbraun sind. Das sollte lang genug sein, um die dünnen Hähnchenstücke durchzugaren. Auf einen mit Küchenpapier ausgelegten Teller legen.
5. Dazu Zitronenspalten, Senf, Pilzsauce (Seite 134), Käsesauce (Seite 120), oder was immer dir schmeckt, reichen. Am selben Tag zubereiten und essen.

Ergibt 4 Portionen

Die große Lulu Peyraud, eine begnadete Köchin aus Marseille, reibt einfach die abgebrochenen Enden zweier Baguettes gegeneinander, die sich so gegenseitig als Reibe dienen. – N

Ich verwende normale, fertig gekaufte Semmelbrösel, aber sie sind manchmal zu grob, deshalb fülle ich sie in einen verschließbaren Beutel und klopfe sie mit dem Nudelholz (oder der Weinflasche), bis sie superfino sind. – B

Semmelbrösel herstellen

Ein etwa 4 Tage altes Baguette nehmen – es sollte trocken und hart sein – und es auf einer Microplane-Reibe oder der feinen Seite einer Vierkantreibe raspeln. Das lässt sich auch mit dem Raspeleinsatz einer Küchenmaschine machen.
1 Baguette = etwa 2 Tassen Semmelbrösel

KAPITEL 4

Geschmack

Der Kern des Kochens: Hol das
Beste aus deinen Zutaten raus …

1 TABLESPOON 15 ml

Hervorholen, aufbauen

Als wir uns zum allerersten Mal auf unsere *Food Journey* begaben, wie die Kochsendung *MasterChef* es nannte, kochten wir ein Gericht und fügten kurz vor der Fertigstellung alle möglichen Dinge hinzu, um den Geschmack zu verstärken – von Worcestersauce und Sojasauce über getrocknete Kräuter bis zu Chutney. Wir haben also eine Menge komischer Zusammenstellungen gegessen, die vor allem nach, nun ja, Worcestersauce und Sojasauce, getrockneten Kräutern und Chutney schmeckten!

Wir haben uns wie zwei überkandidelte TV-Chefköche benommen, die »ein bisschen hiervon« und »ein bisschen davon« hineingeben. Peinlicherweise haben wir danach festgestellt, dass Geschmack andersherum funktioniert: Was man am Anfang tut, ist wichtig, nicht was man zum Schluss hinzufügt. Denn die ganze Zeit über hatten wir, wenn überhaupt, nur 50 Prozent der Aromen herausgeholt und sie dann mit neuen übertüncht.

Leider kann man beim guten Kochen keine Abkürzung nehmen, und es gibt auch keine magische Zutat, die man am Schluss hinzufügen kann, um das Ergebnis in etwas Köstliches zu verwandeln, wenn es vorher nicht schon da war. Man muss die Geschmacksnoten aus allen Zutaten herausholen, bei jedem Schritt. Mit anderen Worten: Man muss den Geschmack entwickeln, nicht hinzufügen.

Professor Peter Barham zufolge beeinflusst die Art, wie man eine Tomate schneidet, wie viel Geschmack sie letztendlich abgibt. Wenn man sie von oben nach unten durchschneidet, wird weniger Geschmack erzeugt, als wenn man durch die Mitte schneidet. – N

Dieser Prozess beginnt bereits auf dem Schneidebrett. Eigentlich beginnt er schon beim Einkauf der Zutaten, oder wenn man sie im Garten anpflanzt, aber bleiben wir mal in der Küche. Das bringt uns wieder zu der Sauce, mit der alles begann, die Sauce, die Steve für uns gekocht hat. Er hat ein Rezept von Rachel Allen verwendet. Wir haben sie so zubereitet, wie unter Steves Sauce 2.0 auf Seite 62 beschrieben.

Dieses Rezept hat einen einfachen Rahmen, der für diese Sauce genauso gilt wie für Bolognese und Rindereintopf. Das Grundkonzept besteht darin, fein zu hacken, schön braun anzubraten und sanft zu garen. Ziel ist, eine starke Geschmacksbasis zu erzeugen und darauf aufzubauen.

Was zu tun ist

Fein hacken, dünn schneiden

Dieses Gericht eignet sich hervorragend, um zu zeigen, wie wichtig der richtige Umgang mit dem Messer ist. Eine stark gewürzte Zutat wie Chorizo schmeckt in dünnen Scheiben wirklich anders als ein dickes Stück.

Farbe ans Fleisch

Es ist ein himmelweiter Unterschied zwischen einem Stückchen Wurst, das in einer Sauce gekocht wurde, und einem knusprigen, braun gebratenen Stückchen Wurst, das ausgelassen wurde. Wenn man sie knusprig brät, intensiviert das nicht nur den Geschmack der Wurst, sondern gibt alle möglichen komplexen Aromen in das Fett ab, in dem der Knoblauch gegart wird.

Langsam und sanft

Der Knoblauch und seine Kollegen sollen einander langsam beeinflussen, also ist Geduld angesagt. Hartblättrige Kräuter und Chili sollten zu Beginn in den Topf kommen, weil die Hitze ihre Aromen entwickelt und reifen lässt.

Fröhliches Köcheln

Beim langsamen Köcheln verschmelzen die verschiedenen Elemente einer Sauce. Am Ende der Garzeit sollten die Tomaten vollkommen zerfallen sein und alle Aromen einen fröhlichen Tanz miteinander begonnen haben!

Steves Sauce 2.0

2–4 Zweige Rosmarin, gewaschen und getrocknet
225 g Chorizo
1 EL Olivenöl extra vergine
4 Knoblauchzehen, Schale entfernt
1 roter Chili, entkernt und fein gehackt
Meersalz und frisch gemahlener schwarzer Pfeffer
800 g gehackte Tomaten aus der Dose
Petersilienblätter, gewaschen und getrocknet
120 ml Sahne
500 g Fusilli
Frisch geriebener Parmesan

Steve hat uns diese Sauce zu Penne serviert. Aber da unsere Sauce viel feiner ist, mögen wir sie mit Fusilli. – B

1. Die Nadeln von den Rosmarinzweigen abziehen und ganz, ganz fein hacken (niemand will auf Rosmarinnadeln beißen). Das sollte etwa 2 Teelöffel gehackten Rosmarin ergeben.
2. Die Chorizo in sehr dünne Scheiben schneiden. Versuch, hauchdünn zu schneiden. Dadurch kommt mehr Wurstoberfläche in Kontakt mit der heißen Pfanne, es gibt mehr knusprig braun angebratene Bereiche und … richtig geraten, mehr Geschmack.
3. Das Öl in einer großen Pfanne (von etwa 28 cm Durchmesser) auf mittlerer Stufe erhitzen. Die Chorizo braten, dabei gelegentlich rühren und umdrehen, bis die Scheiben knusprig und braun sind und ihr paprikafarbenes Fett abgegeben haben.

Wenn sich zu viel Fett in der Pfanne gesammelt hat, gießt man es ab und fügt es später wieder hinzu. Das hilft, die Chorizo wirklich knusprig zu braten. – N

4. Während die Chorizo brät, den Knoblauch sehr fein hacken und dann zu einer Paste zerdrücken (wie auf Seite 38 beschrieben). So kann der Knoblauch sich gleichmäßig über die Sauce verteilen.
5. Wenn die Chorizo gar ist, die knusprigen Scheiben aus der Pfanne und auf einen mit Küchenpapier ausgelegten Teller heben. Das Öl in der Pfanne belassen.
6. Die Hitzezufuhr auf mittlere oder niedrige Stufe reduzieren und den Knoblauch sanft im Chorizoöl garen. Gelegentlich umrühren, bis sich eine weiche Masse ergibt. Der Knoblauch darf hierbei nicht bräunen, höchstens eine orange Färbung durch das Öl annehmen.
7. Nach etwa 1 Minute Rosmarin und Chili mit in die Pfanne geben – sie müssen nicht so lang garen wie der Knoblauch. Vielleicht auch 1 Prise Salz und etwas frisch gemahlenen Pfeffer zufügen.
8. Die Tomaten in die Pfanne geben und auf mittlerer bis hoher Stufe 15 bis 20 Minuten köcheln. Sie sollten durchgehend brodeln, nicht zu stark, aber auch nicht zu sanft. Probieren und, falls nötig, erneut würzen.

Der einzige Grund, warum wir die Chorizo nicht früher in die Sauce geben, ist die Konsistenz – damit kleine Stückchen Chorizo in der Sauce verteilt sind. Aber ein Großteil ihres Aromas ist zu Beginn in die Pfanne gelangt. – B

9. Die Chorizo in ganz kleine Stücke hacken. In die Pfanne geben und alles gut umrühren.
10. Die Petersilie fein hacken. Es sollten etwa 2 Esslöffel sein. 1 Esslöffel gehackte Petersilie mit der Sahne in die Sauce geben. Erneut umrühren und die Sauce 1 oder 2 weitere Minuten köcheln, bis sie angedickt ist. Abschmecken – und nach Belieben würzen. Fertig ist deine Sauce!
11. Die gekochte und abgetropfte Pasta (wie auf Seite 68 beschrieben) mit in die Pfanne geben und sorgfältig vermischen, damit sie gleichmäßig mit Sauce benetzt wird. Sofort mit Parmesan, frisch gemahlenem schwarzem Pfeffer und der verbleibenden Petersilie servieren.

Macht 4 Personen satt

Fallstudie

Wenn du den Unterschied wirklich selbst sehen, schmecken und fühlen willst, dann bereite die Sauce zweimal zu – verwende einmal unsere oben beschriebene Methode und einmal die folgenden Originalanweisungen. Das ist die beste Fallstudie, um zu lernen, welch einen großen Unterschied die verwendete Technik machen kann.

- Butter oder Olivenöl langsam in einer großen Pfanne erhitzen und gehackte Tomaten, Knoblauch und Rosmarin hineingeben. Mit Salz und Pfeffer würzen und 1 Prise Zucker hinzufügen.
- Die Tomaten kochen, bis sie beginnen, weich zu werden, oder etwa 5 Minuten.
- Wurst, Chili (Rachel verwendet getrocknete rote Chiliflocken), Sahne und die Hälfte der gehackten Petersilie in die Pfanne geben.
- Ohne Deckel köcheln lassen, bis die Mischung auf die Hälfte reduziert ist (10 bis 20 Minuten), und dabei häufig umrühren. Vom Herd nehmen, probieren und nach Belieben nachwürzen.
- In der Zwischenzeit die Pasta – Rachel nimmt Penne, Farfalle oder Rigatoni – in einem großen Topf mit kochendem Salzwasser kochen, bis sie leicht al dente ist (8 bis 10 Minuten). Sobald sie gar ist, abgießen und mit der Sauce vermengen.
- Die Pasta in eine große Servierschüssel geben, mit 2 Esslöffeln geriebenem Parmesankäse und der restlichen Petersilie bestreuen und sofort servieren.

Jetzt hast du eine Pastasauce und wir gehen zur Hauptzutat über. Blättre um …

Zwei Sätze zu Pasta …

Al dente

Das Leben ist zu kurz, um schlechte Pasta zu essen, und sie ist wirklich nicht schwierig. Kocht sie zu lang, ist sie tot – dann kann man auch gleich ihre Packung kochen und anstelle der Pasta essen. Igitt. Pasta soll *al dente* sein, also noch ein wenig Biss haben. Wenn man in eine Nudel beißt, sollte man in der Mitte ein ungekochtes Stück Teig sehen, das etwa so groß ist wie eine Nadelspitze. Dadurch wird die Pasta nicht nur zu einer exquisiten Zutat (man kann sie wirklich schmecken), sondern sorgt auch für Textur und wird so zur tragenden Säule eines Gerichts.

Wir reden hier von getrockneter Pasta. So, wie man sie in den meisten Supermärkten kauft und für die eine einfache Regel gilt: Kauf die beste Qualität, die dein Budget hergibt. Auch wenn du alles richtig machst, neigt Pasta von niedriger Qualität dazu, beim Kochen zusammenzukleben. Achte also darauf, dass sie aus Hartweizengrieß gemacht ist – seine Eigenschaften eignen sich bestens für Nudeln –, oder kauf gleich Italienische. Die Italiener behaupten ja, das Zeug erfunden zu haben, und würden sich schämen, Pasta herzustellen, die nicht gut ist.

Wichtig zu wissen

GROSSER Topf, VIEL Wasser

Fülle einen großen Topf mit mehr Wasser, als du je glauben würdest, zu benötigen – im Allgemeinen sollte Pasta in mindestens zehnmal so viel kochendem Wasser gegart werden, wie sie wiegt, also in einem Liter Wasser pro 100 g Pasta. Wir verwenden für 500 Gramm Pasta einen Sieben-Liter-Topf aus Edelstahl.

Kräftig kochen!

Das ist nichts für die Mikrowelle. Wenn du nicht auf uns hörst und am Ende Matschnudeln hast, sind wir nicht schuld. – N

Den Topf auf höchster Stufe erhitzen (den Deckel schließen), bis das Wasser sprudelnd kocht. Wenn genug Wasser im Topf ist, um jede Nudel frei schwimmen zu lassen, ist keine Zugabe von Öl nötig.

So salzig wie das Mittelmeer

Sobald das Wasser wild sprudelt, die Pasta hineingeben. Das Sprudeln wird aufhören – und in diesem Moment geben wir das Salz hinein. Nimm so viel Salz, dass das Wasser wie Meerwasser schmeckt. Das Salz lässt das Wasser schneller wieder kochen und würzt die Pasta. Rühr die Nudeln einmal um und leg den Deckel wieder auf, bis das Wasser erneut sprudelt.

7 Minuten kochen

Und jetzt kommt das wahre Geheimnis. Von dem Moment an, in dem das Wasser wieder zu sprudeln beginnt, nimmt man den Deckel ab und kocht die Pasta genau 7 Minuten. Probier dann eine Nudel – sie sollte bissfest sein, aber nicht kreidig. In 99 Prozent der Fälle werden die 7 Minuten zu perfekt gekochter Pasta führen, aber jede Regel hat ihre Ausnahme. Einige Formen benötigen 1 oder 2 Minuten länger. Denk daran: Die Pasta gart noch weiter, wenn sie aus dem Topf genommen und wenn sie unter die Sauce gemengt wird (siehe Seite 70).

Abgießen, aber nicht abschrecken

Sobald die Pasta gar ist, sofort in ein Sieb abgießen – sonst kocht sie weiter im Wasser. Aber nicht vollkommen trocken abtropfen lassen und vor allem nicht unter fließendes kaltes Wasser halten! Die Stärke an der Pasta lässt die Sauce andicken und anhaften. Oh, und lass gekochte Pasta nicht im Sieb stehen, sondern verarbeite sie direkt weiter – sonst wird sie fest!

Round Timer
DULTON CO.,LTD.
55 MIN TIMER

Ehre deine Pasta

In Italien wird Pasta häufig mit erstaunlich wenig Sauce gegessen. Die einzelnen Nudeln sind nur spärlich mit Sauce bedeckt, da es bei einem Pastagericht eben um die Pasta geht. (Du wirst das erst richtig verstehen, wenn du deinen eigenen Pastateig zubereitest, aber das wäre ein extra Buch!)

Wie viel man kochen sollte

125 g pro Person • 250 g für 2 Personen • 500 g für 4 Personen – 1 Packung Nudeln wiegt meist 500 g

Das Wunder des Nudelwassers

Wenn du ein Stückchen Butter mit dem Schneebesen in heißes Nudelwasser rührst, ergibt sich schon eine eigene Sauce. Siehe die Penne mit Pilzen auf Seite 134. – N

Fast jede italienische Mamma wird dir empfehlen, eine Tasse des stärkehaltigen Nudelwassers abzuschöpfen, bevor du den Topf ausgießt. Man gibt etwas davon in die Sauce, wenn sie mit der Pasta vermengt wird und man etwas mehr Flüssigkeit benötigt. Unterschätz nicht die Kraft dieser trüben Flüssigkeit; schon 1 Esslöffel oder 2 helfen einer Sauce, um gut an der Nudel zu kleben.

Die Pasta abrunden

Nach dem Abgießen geben wir die Pasta in den Topf zurück, fügen die heiße Sauce hinzu und vermengen alles ein paar Sekunden lang. Manchmal steht der Topf dabei auf mittlerer Stufe, damit alles gleichmäßig benetzt wird und sich gut vermischt, bevor es serviert wird (nämlich sofort).

Von Sorten und Saucen

Glatte Sauce = lange, dünne Pasta

Zu glatten Saucen, wie einfacher Tomatensauce oder sahniger Carbonara, die gut an langen Nudeln haften, solltest du Spaghetti oder Linguine (sehen wie flach gedrückte Spaghetti aus, haben aber eigentlich eine leicht elliptische Form) wählen. Je dünner die Nudel, umso pappiger muss die Sauce sein.

Sauce mit Stücken = kurze Pasta

Zu Saucen mit Stücken darin solltest du die muschelförmigen Conchiglie wählen. Sie nehmen die Sauce auf, wenn sie in der Schüssel vermischt werden. Auch röhrenförmige Nudeln wie Makkaroni oder Penne, bei denen die Sauce in die Hohlräume gleiten kann, sowie die Korkenzieherform der Fusilli oder die grob gerillte Oberfläche der Penne rigate eignen sich vorzüglich.

Fleischsauce = lange, breite Pasta

Du willst wissen, was mit Lasagne ist? Die findest du in Kapitel 9, aber wir würden nicht empfehlen, sofort dorthin zu springen, ohne zuvor einige weitere Grundschritte gelernt zu haben. – B

Breite, flache Nudeln liegen irgendwo dazwischen – sie sind breit genug, um reichhaltige, schwere Fleischsaucen zu halten – solche, die eher einem langsam geschmorten Eintopf ähneln und in denen gehacktes oder klein geschnittenes Fleisch mit Sauce und Pasta vermengt wird. Wenn du lange Nudeln haben willst, setz auf Tagliatelle oder Pappardelle.

Tagliatelle
Pappardelle
Fusilli
Makkaroni
Conchiglie
Linguine
Spaghetti
Penne rigate

KAPITEL 5

Zwiebeln

Nach dem Knoblauch-Examen ist es nun an der Zeit, mit dem Zwiebel-Studium zu beginnen: selbe Familie, andere Eigenschaften ...

Lang und süß

Wenn es eine Lektion gibt, die wir dir einbläuen wollen, ist es das Braten einer Zwiebel. Sie ermöglicht es dir, alle Facetten dieses Gemüse-Chamäleons kennenzulernen. Zwiebeln enthalten viele Schwefelverbindungen. Deshalb verleihen rohe, weiße Zwiebelringe einem Burger Pfiff. Pikant eingelegt, geben sie einem Stückchen Cheddar das gewisse Etwas. Wenn du Zwiebeln erhitzt, passieren allerlei verrückte Dinge.

Instinktiv wirst du zum Braten von Zwiebelringen wahrscheinlich die Herdplatte auf die höchste Stufe stellen wollen, so, als ginge es um ein Wettrennen. Widersteh dem Drang. Dabei kommen nur halb verbrannte, aber nicht durchgegarte Zwiebeln heraus, so wie man sie manchmal auf schlechten Hotdog-Brötchen findet. Um das ganze Potenzial der Zwiebeln zu entfalten, muss man sie langsamer und auf kleiner Stufe garen.

Wenn man behutsam mit ihnen umgeht, lassen Zwiebeln ihre Schilde fallen. Sie fahren ihre Angriffslust und ihren starken Geruch zurück und zeigen, wie süß sie in Wirklichkeit sind. Sie enthalten viel natürlichen Zucker, und wenn dieser durch die Hitze aufgebrochen wird, beginnen sie zu karamellisieren. Je länger und langsamer dieser Prozess vonstattengeht, umso süßer, klebriger und goldener werden die Zwiebeln.

Nach ein paar Stunden sind sie vielleicht dunkelbraun und werden zu Kandidaten für Konfitüre oder französische Zwiebelsuppe. Genieß den Prozess. Beobachte, rühr, sei geduldig, hab keine Eile. Hohe Temperaturen machen aus Zwiebeln echte Nullnummern, weil sie das Stadium des Karamellisierens überspringen. Lass also niemals zu, dass Zwiebeln zu schnell Farbe annehmen: Stell sie auf die kleinste Stufe, damit sie weich werden, und relax.

Brandon hat einmal die französische Zwiebelsuppe aus dem Kochbuch Bouchon von Thomas Keller nachgekocht. Das hat mir die Augen geöffnet. Er hat alle Zwiebeln so geschnitten, wie Keller es wollte, und zwar so, dass das Messer ihrer natürlichen Linie folgte. Dann hat er sie auf kaum vorhandener Flamme fünf Stunden lang gegart! Wir haben gebannt zugeschaut, wie sie sich in eine reichhaltige, braune, samtige Masse verwandelt haben. – N

Schöne Verwandlung

Das ist Küchenmagie: Wir machen mit dir einen praktischen Workshop, um dich in Stimmung zu bringen. Folg uns Schritt für Schritt, probier mindestens alle 15 Minuten, aber beobachte stets, was passiert, und riech immer wieder daran. Denn nur so wirst du wissen, wie weit du die Zwiebeln für deine Zwecke treiben willst.

10 bis 15 Minuten: Lass sie schwitzen

1 oder 2 Zwiebeln hacken und mit etwas Butter und Olivenöl (etwa einen Esslöffel pro Zwiebel) in einen Topf geben. 1 bis 2 Prisen Salz zufügen. Die Herdplatte auf die kleinste Stufe stellen. Sobald die Butter geschmolzen ist und die Zwiebeln beginnen, Geräusche von sich zu geben, den Deckel auflegen.

15 Minuten
30 Minuten
45 Minuten
Eine Stunde

Etwa alle 5 Minuten einmal in den Topf schauen und umrühren. Zunächst entsteht ein starker Zwiebelgeruch, und die Zwiebeln werden immer noch weiß sein. Jedes Mal, wenn man den Deckel abnimmt, entweicht eine kleine Dampfwolke, da die Zwiebeln Feuchtigkeit abgeben.

Nach 15 Minuten werden sie einen glasigen Glanz annehmen, leicht milchig und von einer blubbernden, buttrigen Flüssigkeit umgeben sein. Das ist in Rezepten gemeint, wenn man von Zwiebeln *anschwitzen* spricht. Den Deckel für den Rest des Testlaufs abnehmen.

15 bis 30 Minuten: Schau, wie sie karamellisieren

Sobald ihr Zucker zu karamellisieren beginnt, kann es ganz schnell gehen. Innerhalb der nächsten 15 Minuten werden die Zwiebeln langsam eine blasse goldbraune Farbe annehmen. Rühr weiter und schab ab, was am Boden des Topfes ansetzt.

Das empfehlen wir als Mindestzeit für die Tomatensauce oder die Napoletana-Pastasauce auf den folgenden Seiten. – N

Wenn eine halbe Stunde vergangen ist, sollte das Volumen der Zwiebeln erheblich geschrumpft sein. Sie werden ein hübsches helles Goldbraun aufweisen, glatt und weich sein. Sie schmecken jetzt süß und haben eine leicht herzhafte Note.

30 Minuten und länger

Wenn du noch weitergehen willst, musst du den Babysitter spielen. Sobald der Zucker karamellisiert ist, können sie schnell ansetzen und anbrennen – und dann gibt es kein Zurück mehr. Wenn das passiert, wirst du den bitteren Hintergrundgeschmack nicht mehr los und musst wieder von vorne anfangen. Pass also auf und rühr häufig um.

Nach 45 Minuten werden die Zwiebeln tiefbraun sein, und wenn 60 Minuten fast vorbei sind, kann man intensive nussige Karamellaromen riechen. Wenn die Wärmezufuhr niedrig genug ist, kannst du so lange weitermachen, bis sich Zwiebelkonfitüre ergibt – eine tiefbraune Schönheit, die man aufs Brot streichen kann.

Welche Zwiebeln?

Wir haben es mit braunen und weißen Zwiebeln versucht, mit roten Zwiebeln und Schalotten. Die Unterschiede sind aber zu gering, um daraus etwas abzuleiten – es wird also mit all diesen Zwiebeln funktionieren.

Nimm bitte nicht die Abkürzung über die Küchenmaschine. Sie schneidet die Zwiebel weder sauber noch gleichmäßig und lässt einen klebrigen Brei entstehen, der niemals wirklich karamellisieren wird, sondern nur in seinem eigenen Saft kocht. – N

Ich lasse die kleinkarierten horizontalen Schnitte weg und schneide von unten nach oben entlang der Linien der Zwiebel und dann quer andersherum. Dann hacke ich weiter darüber, bis alles fein gewürfelt und in gleich große Stückchen zerteilt ist. – B

So hacken wir

- Die Spitze und das Wurzelende abschneiden und die Zwiebel der Länge nach halbieren.
- Die Schale entfernen.
- Eine Hälfte mit der Schnittseite nach unten auf ein Brett legen.
- Mit den Fingerspitzen einer Hand nach unten drücken und mit einem scharfen Messer 2 oder 3 horizontale Einschnitte (je nach Größe der Zwiebel) vom oberen zum unteren Ende machen, aber nie ganz zum Ende durchschneiden. Wenn das untere Ende intakt bleibt, wird die Zwiebel während des Hackens zusammengehalten.
- Der Länge nach parallel schneiden. Kurz vor dem unteren Ende beginnen und bis zum oberen Ende schneiden.
- Zum Schluss quer schneiden.

Würfel oder Ringe?

Zwiebeln kann man gewürfelt oder in Ringe geschnitten karamellisieren, aber wenn sie sich in einem Gericht auflösen sollen (wie im *Soffritto* auf Seite 93), lohnt es sich, sie fein zu hacken.

Nikkis Tomatensauce, von Giorgio über Peter

Um zu zeigen, was wir meinen, demonstrieren wir die Zwiebel-Lektion an dieser Tomatensauce. Nicht mit Ketchup für Pommes, sondern mit roter Sauce für Spaghetti (in Neapel heißt sie Pomodoro, der Rest der Welt hingegen sagt Napoletana dazu). Die Süße der karamellisierten Zwiebeln gleicht die Säure der Dosentomaten aus und beweist: Wer seine Zwiebeln richtig brät, muss nie wieder Zucker zugeben.

Als mir der Koch Peter Tempelhoff das Rezept für seine Standard-Tomatensauce verriet, wurde es auch meine Standard-Tomatensauce. Man braucht zwar 2 Stunden, um sie zuzubereiten, aber nur drei Hauptzutaten (Tomaten, Zwiebeln, Olivenöl), deshalb kann ich sie auswendig.

Je feiner du sie jetzt hackst, desto leichter zerfallen sie und werden zu einer glatten Sauce. Du musst reichlich Zwiebeln würfeln, hol dir also besser das Wiegemesser (siehe Seite 89) aus dem Schrank, falls du eines hast. – N

240 ml Olivenöl extra vergine
3 große Zwiebeln, sehr fein gehackt
1 TL Meersalz
800 g ganze oder gehackte Tomaten aus der Dose
5 schwarze Oliven, entsteint
1 Stängel Basilikum
Meersalz
500 g Spaghetti oder Linguine
Frisch geriebener Parmesan
Frisch gemahlener schwarzer Pfeffer

Peter hat sich das bei seinen Kochkollegen in Giorgio Locatellis Restaurant Zafferano abgeschaut. »Sie haben Giorgios Rezept verfälscht«, erzählte uns Peter, »sind ihm aber bei den Oliven treu geblieben.« Warum gerade fünf Oliven? »Weil Giorgios Großmutter das immer so gemacht hat.« Wir würden nie auf die Idee kommen, einer italienischen Nonna zu widersprechen! – N

1. Das Öl in einem mittelgroßen Topf auf kleiner Stufe erhitzen; Zwiebeln und Salz hineingeben. Den Deckel auflegen und die Zwiebeln anschwitzen. Nach etwa 20 Minuten werden die Zwiebeln zu einer Masse zerschmolzen sein (mit etwas Biss), und das Olivenöl wird sich abgesetzt haben. Mit aufgelegtem Deckel behält es die ganze Hitze und sollte ordentlich blubbern.
2. Nimm den Deckel ab und dünste die Zwiebeln unter Rühren weitere 10 Minuten, bis sie weicher sind und eine goldbraune Farbe angenommen haben.
3. Nach 1 Stunde beginnen die Zwiebeln, am Boden des Topfes anzusetzen. Umrühren und Tomaten und Oliven hinzufügen.
4. Auf kleiner Stufe köcheln, bis die Tomaten zerfallen und die Sauce andickt – etwa 1 Stunde. Regelmäßig umrühren, damit nichts anbrennt. Falls die Sauce zu dick wird, etwas Wasser hinzufügen.
5. Das Basilikum in die Sauce geben, erneut abschmecken und die Sauce zweimal durch die Flotte Lotte geben, wenn es eine glatte Sauce werden soll. Falls du keine Flotte Lotte besitzt, kannst du auch eine Kartoffelpresse verwenden.
6. Die Pasta kochen (siehe Seite 68), mit der Sauce vermischen und mit reichlich Parmesan sowie frisch gemahlenem schwarzem Pfeffer servieren.

Peter riet mir: »Behandle die Zutaten liebevoll und zerkleinre sie niemals im Mixer. Du musst sie immer durch eine Flotte Lotte drücken – im Mixer wird die Sauce durch die geschlagene Luft ganz orange.« – N

Macht 4 Personen satt

Die Flotte Lotte

Der Job einer Flotten Lotte ist das Pürieren von Gemüse, sie wirkt aber auch bei Tomatensaucen Wunder. Die Sauce behält nicht nur ihre ursprüngliche Farbe, die Passiermühle fängt auch Haut und Samen der Tomaten auf, die so nicht in die Sauce gelangen.

Falls du keine Flotte Lotte hast, aber trotzdem willst, dass deine Sauce rot wie ein Feuerwehrauto bleibt, solltest du alle Zutaten (Zwiebeln, Knoblauch und sogar die Oliven) so fein wie möglich hacken und die Sauce durch eine Kartoffelpresse drücken, wenn sie fertig ist.

Nikkis Tomatensauce – mit dem Pürierstab bearbeitet

Nikkis Tomatensauce – durch eine Flotte Lotte gedrückt

Brandons Sauce – mit fein gehackten Zutaten und einer Kartoffelpresse zubereitet

Brandons *simplistico*-Tomatensauce (für Ian)

Ich nenne das eine Männersauce, weil die Aromen so kräftig sind – sie benötigt noch nicht einmal Parmesan. – N

Hier sehen wir, wie ein Rezept auf den persönlichen Geschmack zugeschnitten werden kann – ähnliche Zutaten, unterstützt durch süße Zwiebeln, und dennoch ganz anders als die vorherige Sauce.

Dieses Rezept gab ich meinem Kollegen Ian, als er mit dem Kochen anfing. Ich habe ihm gesagt, dass die Kunst, Zwiebeln zu braten, alles verändert. Jetzt denken seine Frau und seine Kinder, dass er ein Genie ist.

Dadurch wird die Zwiebel tiefrot und ist nicht mehr von der Tomate zu unterscheiden; und es sorgt für Umami-Aroma. – B

1 Zwiebel, so fein gehackt wie nur möglich
3 EL Butter
4 Knoblauchzehen, zur Paste zerdrückt (wie auf Seite 38 erklärt)
1 EL Tomatenmark
3 schwarze Oliven, entsteint
400 g ganze oder gehackte Tomaten aus der Dose
250 g Pasta, deine Lieblingssorte
Meersalz und frisch gemahlener schwarzer Pfeffer

1. Einen Topf bei geringer Hitze erwärmen und die Zwiebeln darin etwa 1 Stunde in Butter anschwitzen (während der ersten 15 Minuten sollte der Deckel aufliegen), bis sie karamellisiert sind (wie im vorhergehenden Rezept).
2. Nun den Knoblauch und das Tomatenmark hinzufügen, die Hitze auf mittlere Stufe stellen und die Mischung garen, bis alles zusammenklebt und sich Röstaromen bilden.
3. Oliven und Tomaten hineinwerfen. Die Dose, in der die Tomaten waren, mit Wasser füllen und dieses in den Topf gießen.
4. Auf mittlerer bis kleiner Stufe köcheln, bis die Flüssigkeit auf die Hälfte reduziert ist – das sollte etwa 1 Stunde dauern.
5. Durch eine Flotte Lotte drücken (keinen Pürierstab verwenden, sonst nimmt die Sauce eine orange Farbe an), großzügig mit Salz und Pfeffer würzen und essen.

Manchmal verwende ich Rinderbrühe anstelle von Wasser, um der Sauce ein Rindfleischaroma zu verleihen. Nikki hasst es, ich liebe es. Und solange sie nicht sieht, wie ich es tue (und ich ihr nicht sage, dass ich es getan habe), liebt sie es auch! – B

Macht 2 Personen satt

Zwiebeln oder Knoblauch

Eine italienische Baronin hat uns mal erzählt, dass sie ihre Tomatensauce entweder mit Zwiebeln oder mit Knoblauch zubereitet – aber niemals mit beidem. Wir waren auf ihrem Hof untergebracht, der mit dem Zug etwa 45 Minuten von Neapel entfernt liegt. Auf dem Herd stand ein ewig köchelnder Topf mit leuchtend roter Sauce. Das machte Sinn: Zwiebel und Knoblauch gehören derselben Familie an und haben ähnliche Qualitäten, also konnte logischerweise eins das andere ersetzen: Wenn dir also nicht nach Zwiebelschälen ist, hast du immer noch eine weitere Option. Man kann genauso gut eine Sauce auf Knoblauchbasis erstellen.

ihre
(Nikkis
Tomatensauce,
von Giorgio
über Peter)

seine
(Brandons
simplistico-
Tomatensauce
für Ian)

KAPITEL 6

Soffritto

Nun da wir mit dem Zwiebel-Fundament fertig sind, geht's an die Teamarbeit …

Die Basis des Geschmacks

Zwiebel, Möhre, Sellerie – jedes für sich ist ein eher langweiliges Gemüse, kombiniert man sie jedoch miteinander, werden sie zur Heiligen Dreifaltigkeit der Küche und verwandeln sich in aromatische Substanzen, aus denen man wahre Geschmackswunder ent-wickeln kann – sei es Kürbissuppe, eine Bolognese oder die Grundlage eines Eintopfs.

Es ist wie beim Hausbau. Man muss erst ein solides Fundament gießen, bevor man die Mauern errichten kann – und diese drei sind die Eckpfeiler des Fundaments. Man sollte sie gar nicht schmecken, und wenn alles fertig gekocht ist, auch gar nicht sehen können. Trotzdem ist ihre Aufgabe ungeheuer wichtig. Ohne Fundament fällt das Haus zusammen, ohne das Trio Zwiebel-Möhre-Sellerie der Geschmack.

Normalerweise verwendet man sie im Verhältnis 2:1:1. Das funktioniert perfekt. Wenn man eine mittelgroße bis große Zwiebel nimmt; wenn sie gehackt ist, ergibt das etwa die doppelte Menge einer Möhre und einer langen Stange Sellerie. Du kannst das natürlich abwiegen, aber es genügt, auf dem Schneidebrett die Größe der weißen, orangen und grünen Häufchen zu vergleichen, um zu sehen, ob die Menge stimmt.

Möhren schmecken süß, Sellerie ist eher salzig und herb, und – das wissen wir seit dem vorherigen Kapitel – aus Zwiebeln kann Süße herausgekitzelt werden. Egal, wie diese drei Gemüsesorten einzeln schmecken, wenn sie zusammen gegart werden, geschieht etwas Magisches. Bevor wir weitermachen, sollten wir kurz über Sellerie sprechen.

Man will gerade anfangen zu kochen, die Zwiebeln sind im Gemüsekorb und ein Bund Möhren im Kühlschrank, aber es ist kein Sellerie im Haus ... Na, dann geht man eben welchen kaufen! Okay? Sellerie ist eine dieser mysteriösen Zutaten wie Lorbeer: Man bemerkt sie gar nicht, wenn sie dabei sind, aber man bemerkt sehr wohl, wenn sie fehlen. Es ist ungefähr so, als würde man versuchen, ein Foto mit einer Kamera zu machen, deren Stativ ein Bein fehlt.

Du kannst jederzeit eine zerdrückte Knoblauchzehe – oder auch fünf – zugeben oder eine fein gewürfelte Lauchstange – nur an dem ursprünglichen Dreigestirn solltest du nichts verändern. Die Franzosen nennen diese aromatische Gemüsebasis ein *Mirepoix*; in der italienischen Küche spricht man von *Soffritto*. Da wir sie anhand von Bolognese demonstrieren (und wir den Italienern so zugeneigt sind), nennen wir es von hier an einfach *Soffritto*.

Brandon glaubt ja ganz fest, dass er eigentlich Italiener ist! – N

Die australische Köchin Stephanie Alexander ließ mich vor Jahren über die Bedeutung von Größe nachdenken, als ich sie interviewte. Ich fragte sie, was denn die Menschen in unserem Zeitalter von »wenig Zeit, wenig Essen und wenig Können«, wie sie es nannte, wissen sollten. Stephanie sagte: »Dass man noch immer gutes Essen kochen kann, auch wenn man sehr beschäftigt ist. Wenn meine Tochter zu mir sagt: ›Ich habe keine Zeit, Kartoffeln zu kochen!‹, dann sage ich: ›Scheiben oder kleinere Stücke sind in 10 Minuten gar!‹« – N

Schnippeln: Ist die Größe wichtig?

Fein hacken, reiben, schneiden oder grob würfeln – spielt das eine Rolle? Zuallererst wirkt sich die Größe der Zutaten auf die Konsistenz eines Gerichts aus: Je größer etwas ist, umso mehr muss man es kauen. Außerdem beeinflusst sie die relative Garzeit: Je kleiner das Stückchen, umso schneller wird es gar sein – unterschiedlich große Stücke garen ungleichmäßig (einige werden weich sein, andere noch fest). Wenn man die größte Arbeit gleich zu Anfang macht, nämlich beim Schnippeln, erleichtert es das Kochen ungemein. Natürlich klingt das unheimlich simpel, aber es erstaunt uns immer wieder, wie wenig Menschen über so etwas beim Kochen nachdenken. Die Größe der Zutaten macht einen großen Unterschied.

Kommen wir zum Geschmack: Stell dir vor, du isst ein Curry und beißt in einen ganzen Thai-Chili oder ein Stück Ingwer. Deine Geschmacksknospen wären mindestens für ein paar Sekunden ausgeknockt! Wenn du aber beides zu einer glatten scharfen Paste zerstampfst, verteilen sie sich gleichmäßig über die ganze Sauce und tragen zum Gesamtgeschmack bei. Wenn du dir Gedanken über die Größe der Zutaten machst, bist du auf dem besten Weg zum *besseren* Kochen. Indem man jeder einzelnen Zutat mehr Bedeutung beimisst, kann sie einen wertvolleren Beitrag zum gesamten Gericht leisten. So sorgt man auch dafür, dass ein Geschmack nicht alle anderen überlagert.

Die bescheidene Fleischsauce – für die Italiener *Ragù alla bolognese* – ist ein tolles Beispiel dafür, wie fantastisch sich feines Schnippeln auszahlen kann. Es gibt wohl Tausende von Bolognese-Rezepten auf dieser Erde. Wenn du Bolognese mit groben Stücken magst: alles easy. Aber wenn es wirklich perfekt werden soll, solltest du dir die Zeit nehmen und alles in kleine, gleich große Stücke schneiden. Man braucht nur wenige Zutaten, um diese ausgewogene, weiche und unfassbar köstliche Sauce zuzubereiten, die ein Lächeln auf Mamas Gesicht zu zaubern vermag.

Das Wiegemesser

Fein hacken = viel hacken. Wenn einmal alles so gehackt ist, wie auf Seite 90 beschrieben, nehmen wir ein geniales Utensil namens Wiegemesser zur Hand und hacken erneut. Es funktioniert so gut, weil es auf dem Brett dank seiner Halbmondform und der wiegenden Bewegung nur halb so viel Zeit benötigt wie ein normales Messer. Unser Wiegemesser hat eine Klinge von 25 cm, die wir direkt auf unserem Schneidebrett benutzen.

Wir suchen noch immer nach dem perfekten einschneidigen Wiegemesser – mit Türgriffen für besseren Halt. – B

Wie wir schnippeln

Wie auch immer du es angehst, wir haben einen Tipp: Wenn du glaubst, du hättest toll gehackt … setz erneut an und hack noch ein bisschen weiter! Grundsätzlich muss alles so fein geschnippelt werden, dass es in der Sauce verschwindet – man kann eine Bolognese schließlich nicht mit dem Pürierstab bearbeiten. Und so kann das aromatische Gemüse tun, was es tun soll: die anderen Aromen unterstützen, statt die Aufmerksamkeit auf sich selbst zu lenken.

Die Zwiebel

Siehe Seite 77.

Der Sellerie

Hier gibt es leider keinen Trick, sorry! Schneide der Länge nach mehrmals ganz dünn die Stange ein und versuch, feine Scheiben zu schneiden. Es hilft, das schrittweise zu tun und sich langsam zum Kopf des Selleries hochzuarbeiten. Glücklicherweise lässt sich der Sellerie gern schnippeln. So wie die Zwiebel ist er dabei ganz brav und nimmt nach und nach an Größe ab.

Die Möhre

Ich benutze die Küchenmaschine und mixe alle Soffritto-Zutaten miteinander – wenn Nikki nicht zu Hause ist. Das spart eine Menge Zeit, und man muss nur vorsichtig sein, dass man es nicht flüssig mixt! – B

Da Möhren härter sind als Sellerie und Zwiebeln, sollten die Stücke kleiner sein (damit sie genau dieselbe Garzeit benötigen). Sie können beim Schneiden etwas störrisch sein. Damit sie nachher wie Möhrenkonfetti aussehen, sollte man sich den Sparschäler zu Hilfe holen. Die Möhren schälen. Weitere Streifen von der Möhre abschälen und dabei drehen. Nun die Streifen übereinanderstapeln und in lange, dünne, streichholzdicke Streifen schneiden. Diese zum Schluss in winzige Würfel hacken. Wenn du genau arbeitest, musst du den Schritt nicht wiederholen.

10 Minuten
20 Minuten
30 Minuten

Sanft und langsam kochen

Je nachdem, wie viel Zeit du hast oder welche Aromen du dir im fertigen Gericht wünschst, kannst du es beim Garen des *Soffritto* schneller oder langsamer angehen lassen: gerade so lang, bis alles weich ist, oder lang genug, dass es anfängt zu karamellisieren.

Zunächst Butter (und/oder Olivenöl extra vergine) in einem Topf auf mittlerer Stufe erhitzen. Die Gemüsewürfel hineingeben und, sobald sie köcheln, den Deckel auflegen. Wir verwenden die mittelgroße Platte auf unserem Gasherd und stellen die Flamme nur etwas höher als die kleinste Stufe. Falls du einen Elektroherd benutzt, denk daran, dass die Herdplatte erst die richtige Temperatur erreichen muss.

10 Minuten

Nimm regelmäßig den Deckel ab, prüf und rühr um. Solange der Deckel aufliegt, wird die Feuchtigkeit eingeschlossen und dämpft alles, aber es sollte nichts anbrennen, sonst wäre die ganze Schnippelei umsonst gewesen! Schau also immer wieder nach. Zu Beginn werden die Farben hell sein. Das Anfangsstadium liegt hinter dir, wenn die Zwiebeln glasig und die Möhren stumpf orange werden und alles munter vor sich hin köchelt.

Wenn ich wenig Zeit habe, koche ich es 15 Minuten oder bis alles weich gegart ist. – N

20 Minuten

Den Deckel abnehmen und weiterköcheln lassen. Das *Soffritto* sollte erheblich einkochen und beginnen, leicht am Topfboden anzusetzen. Du solltest den süßlichen Duft des Karamellisierens wahrnehmen. Wenn du willst, kannst du jetzt aufhören – das wären dann 20 Minuten im Ganzen.

30 Minuten

Du kannst dein *Soffritto* aber auch noch weitergaren und dabei regelmäßig rühren – insgesamt 30 Minuten. Es sollte schön hellbraun sein und beim Probieren etwas Süße haben.

Die beste Bolognese aller Zeiten

Verwende eine ordentliche Menge Öl. Dann musst du nicht so häufig eingreifen und umrühren, und das Gemüse kann friedlich vor sich hin köcheln. – B

Nimm das Hackfleisch 1 bis 2 Stunden vor dem Kochen aus dem Kühlschrank, pack es aus, leg es auf einen doppelt mit Küchenpapier belegten Teller und bedeck es mit einer weiteren Lage Küchenpapier, damit es überschüssige Flüssigkeit aufsaugen kann. – N

60 ml Olivenöl extra vergine
1 TL Butter
1 mittelgroße Zwiebel, sehr fein gehackt
1 lange Stange Sellerie, sehr fein gehackt
1 mittelgroße Möhre, sehr fein gehackt
500 g Rinderhackfleisch, auf Zimmertemperatur
200 ml Rotwein
1 EL Tomatenmark
400 g passierte Tomaten aus der Dose
(oder 400 ml italienische Passata)
400 ml Wasser
½ TL Meersalz
Frisch gemahlener schwarzer Pfeffer
500 g Penne, Conchiglie oder Tagliatelle
Frisch geriebener Parmesan

Wenn das Fleisch Flüssigkeit abgibt, ist das kein Drama: Es beginnt zu bräunen, sobald das Wasser verkocht ist. – N

Wir verwenden einen Pfannenwender aus Holz und stechen damit in das Hackfleisch oder drücken es zwischen dem Rühren nach unten, bis alles gleichmäßig zerkleinert ist. – B

1. Öl und Butter in einem großen, tiefen Topf (mindestens 20 cm Durchmesser) erhitzen. Das *Soffritto*-Gemüse hineingeben und 30 Minuten langsam auf kleiner Stufe garen (wie auf Seite 93 beschrieben).
2. Das gegarte *Soffritto* aus dem Topf nehmen und beiseitestellen – es soll ja nicht anbrennen, wenn die Herdplatte für das Fleisch auf hohe Stufe gedreht wird.
3. Wir wollen gebratenes Hackfleisch haben, das aussieht, als ob es aus knusprigen braunen Krümeln besteht. Das geht nur bei sehr hoher Temperatur. Stell die Herdplatte also auf die höchste Stufe. Sobald der Topf heiß ist, das Hackfleisch hineingeben und über den Boden des Topfes verteilen. Mindestens 5 Minuten braten, damit es am Boden eine braune Kruste bekommt.
4. Nun das Hackfleisch beim Rühren so weit wie möglich zerteilen. Wenn keine Anteile des Hackfleisches mehr rosa sind, das *Soffritto* wieder mit in den Topf geben und weiterrühren.
5. Nach weiteren 5 Minuten (insgesamt 10) wird dir die Mischung ihr Okay geben: Sie wird anfangen, am Topfboden anzuhaften. Das Hackfleisch braucht nun einen Drink. Den Wein zugießen und vollständig einkochen lassen. Wenn das Fleisch den Wein vollständig aufgenommen hat, sollte es dunkler aussehen und auf dem Topfboden ein öliger Glanz zu sehen sein.
6. Das Tomatenmark zufügen und 1 bis 2 Minuten lang sorgfältig unterrühren – es wird der Mischung eine ziegelrote Farbe verleihen.
7. Passierte Tomaten oder Passata zufügen und auf die Konsistenz achten. Sie sollte am Ende wieder die gleiche sein wie jetzt.

8. Wasser, Salz und reichlich frisch gemahlenen schwarzen Pfeffer zufügen. Alles aufkochen und dann die Herdplatte auf kleine Stufe stellen. Sorgfältig umrühren und etwa 1 Stunde köcheln (je länger, desto besser). Wenn die Sauce angedickt ist und aussieht, als würde sie an der Pasta kleben, ist sie fertig. Abschmecken und, falls nötig, nachwürzen.
9. Die fertig gekochte und abgegossene Pasta (siehe Seite 68) unter die heiße Bolognese mengen und großzügig mit frisch geriebenem Parmesan und etwas frisch gemahlenem Pfeffer bestreuen. Eine Gabel davon in den Mund schieben, zufrieden nicken und »buono, buono« murmeln.

Macht 4 Personen satt

Mach dein Rezept daraus

Sobald du die Technik beherrschst, möchtest du vielleicht …
… noch 1 Möhre mehr in das *Soffritto* geben, falls es ein wenig süßlicher werden soll.
… 2 sehr fein gehackte Knoblauchzehen hinzufügen – am besten dann, wenn das *Soffritto* zurück in den Topf kommt, dann hat er den größten Effekt.
… 1 *Bouquet garni* (siehe Bild) zugeben, um der Bolognese ein interessantes Kräuteraroma zu verleihen. Gib es dazu, wenn das *Soffritto* wieder zurück in den Topf kommt.
… 1 Stängel Basilikum zugeben – ein guter Tanzpartner für jede Art von Tomatensauce. Basilikum sollte man in die Sauce geben, nachdem die passierten Tomaten und das Wasser bereits zugefügt wurden. Lass die Blätter runzlig werden und ihren Geschmack verteilen, und nimm den Stängel wieder heraus, wenn die Sauce fertig ist.

Ich füge immer Knoblauch hinzu. – B

Für Bolognese verwende ich 1 oder 2 Lorbeerblätter, 1 Zweig Thymian und Rosmarin und einige schwarze Pfefferkörner – in einem Säckchen verschnürt. – B

Wir haben meistens Musselin im Haus, den wir dafür verwenden; man bekommt ihn in Haushaltswarenläden oder in Stoffgeschäften. Aber ich gebe nie Pfefferkörner dazu! – N

Passierte Tomaten

Hast du dich schon einmal gefragt, wie man diese dicke, reichhaltige Fleischsauce hinbekommt, die Mafiabosse immer in Kinofilmen essen? Wenn man eine Dose gehackter oder ganzer Tomaten in den Topf gibt, neigen sie dazu, die Sauce zu verwässern. Das Geheimnis: Man nimmt stattdessen passierte Tomaten. Im Italienischen werden sie Passata genannt. Man sollte sie nicht mit Tomatenmark verwechseln.

Welche Nudel?

Die meisten Menschen möchten Bolognese mit Spaghetti essen, daran gibt's auch gar nichts auszusetzen. Ich persönlich bevorzuge aber zu einer Fleischsauce Penne (Röhrennudeln) oder eine muschelförmige Pasta wie Conchiglie. Solche Nudelformen halten die Bolognese gut fest, sodass man immer eine ausgeglichene Menge Pasta und Sauce auf den Löffel bekommt (bei Spaghetti gleitet die Sauce an den langen Nudeln hinab und landet wieder auf dem Boden des Tellers). Wenn du es traditionell italienisch bevorzugst, wähl frische Bandnudeln – dazu isst man die Bolognese in Bologna.

Ein Bouquet garni ist ein kleines Kräutersträußchen, das sich meist aus ein oder zwei Lorbeerblättern, Petersilie und Thymian zusammensetzt. Wenn man es in ein kleines Säckchen gibt, ist es zum Schluss leichter zu entfernen.

KAPITEL 7

Butternuss-Kürbis

Nehmen wir doch ein wenig von der Logik unseres *Soffritto*, übertragen sie auf Suppe und lernen, wie man eine weitere Geschmacksebene hinzufügt …

Rösten oder nicht rösten

Butternuss-Kürbissuppe ist eine lehrreiche Lektion in Sachen Geschmack. Regel Nummer eins lautet: Wonach deine Suppe schmeckt, hängt davon ab, was du tust. Mit anderen Worten: Es macht einen riesigen Unterschied, ob man rohen Butternuss-Kürbis oder gerösteten Kürbis in den Topf gibt. Beide werden am Ende gekocht, aber das Rösten bringt Rhythmus in die Musik und lässt einen tiefen Basston erklingen, der zuvor nicht da war. Ungerösteter Butternuss ist frischer, süßer und von hellerem Orange. Wenn du das lieber magst, dann gib ihn so in den Topf oder schwitz ihn nur kurz in Butter an.

Alternativ können wir dir aber auch eine Mischung aus beidem anbieten. Man muss kein ausgebildeter Koch sein, um Aromen zu verändern – denn eins gibt den Ausschlag: Rösten oder nicht rösten? Das ist hier die Frage.

Gerösteter Butternuss-Kürbis

Manchmal sitzt dieser kleine Kürbis lieber in der Sauna als im sprudelnden Jacuzzi. So kannst du ihn als Beilage servieren oder als Suppe verarbeiten.

500 g Butternuss-Kürbis (nach dem Schälen, Entkernen und Schneiden gewogen), in 2 cm große Würfel geschnitten
1 EL Pflanzenöl
Meersalz und frisch gemahlener schwarzer Pfeffer

1. Den Backofen auf 220 °C vorheizen.
2. Die Kürbiswürfel auf ein Backblech schütten, mit Öl beträufeln, mit Salz und Pfeffer würzen und vermengen, damit jeder Würfel benetzt ist. Gleichmäßig verteilen.
3. Auf der mittleren Schiene des Ofens etwa 20 Minuten garen oder bis die Kürbiswürfel weich und stellenweise braun geworden sind. Warm oder bei Zimmertemperatur servieren.

Das Backblech vorab mit Backpapier auslegen, dann ist es leichter zu reinigen. – N

Macht 2 Personen satt

Mach dein Rezept daraus

… Butternuss-Kürbis mit 1 Teelöffel fein gehackten Rosmarinnadeln, 1 gehackten Knoblauchzehe, ½ fein gehacktem rotem Chili sowie Salz und Pfeffer mischen. 20 bis 30 Minuten, oder bis der Kürbis weich ist, bei nur 200 °C im Backofen rösten, damit die Kräuter und Gewürze nicht verbrennen.

Misch alles in einer Schüssel, dann werden alle Stücke gleichmäßig bedeckt. – N

Das Sieb

Wahrscheinlich besitzt du ein feinmaschiges Sieb. Falls ja, kannst du Eindruck bei deinen Gästen schinden und eine seidig glatte Suppe servieren – wenn du sie einfach durch ein Sieb drückst. Das ist natürlich ein zusätzlicher Schritt vor dem Servieren, aber wir würden dir empfehlen, ihn zu machen – zumindest wenn du das nächste Mal Gäste zum Abendessen hast. Ein Sieb über eine Schüssel setzen, die Suppe hineingießen und dann mit einem Löffel das letzte Quäntchen Köstlichkeit aus ihr herausdrücken. Das geht auf die Arme, ist den Schweiß aber allemal wert. Die Suppe noch einmal aufkochen und heiß servieren.

Brandon passiert seine Suppe immer, aber ich mag auch dickere Suppen mit mehr Textur. Wenn ich die Butternuss-Kürbissuppe zubereite, kommt er in die Küche und sagt: »Soll ich dir das Sieb geben?« und versucht, dabei gleichgültig auszusehen. – N

Butternuss-Kürbissuppe

Wir haben so ziemlich jede Variante ausprobiert: mit Currypulver, einem Granny-Smith-Apfel, Chili und geröstetem Knoblauch. Aber keine kann diese toppen. Wir starten mit einer Soffritto-Basis und fügen sowohl frischen als auch gerösteten Butternuss-Kürbis hinzu. Wir glauben, dass so die Vorzüge des Kürbisses am besten zum Vorschein kommen.

Jawohl, es ist wieder das Soffritto! – N

Geriebener Butternuss-Kürbis geht auch. – N

1 TL Pflanzenöl
1 TL Butter
1 große Zwiebel, fein gehackt
1 Stange Sellerie, fein gehackt
1 große Möhre, fein gehackt
Meersalz und frisch gemahlener schwarzer Pfeffer
500 g roher Butternuss-Kürbis (nach dem Schälen, Entkernen und Schneiden gewogen), in 2 cm große Würfel geschnitten
1,5 l Gemüse- oder Hühnerbrühe (Seite 174) oder Wasser
500 g gerösteter Butternuss-Kürbis (wie auf Seite 100 beschrieben vorbereitet)
Crème fraîche oder Sahne
Etwas Schnittlauch

1. Öl und Butter auf mittlerer Stufe in einem großen Topf erhitzen. Zwiebel, Sellerie und Möhre hineingeben.
2. Würzen und unter gelegentlichem Rühren garen, bis das Gemüse weich und leicht gebräunt ist – bis zum 20-Minuten-Schritt im *Soffritto*-Kapitel auf Seite 93.
3. Den rohen Butternuss-Kürbis hinzufügen und unter Rühren kurz mit anbraten.
4. Die Brühe zugießen und auf hoher Stufe zum Kochen bringen. (Falls du Wasser verwendest, etwas Salz hinzufügen).
5. Die Hitze reduzieren und 20 Minuten köcheln oder bis der Butternuss-Kürbis durchgegart ist.
6. Den Topf vom Herd nehmen, den gerösteten Butternuss-Kürbis hinzugeben und mit einem Stabmixer (oder in der Küchenmaschine) glatt pürieren.
7. Wenn du eine seidige Textur erhalten möchtest, durch ein Sieb passieren (siehe Seite 101). Die Suppe wieder in den Topf füllen, erhitzen und nach Belieben abschmecken.
8. Auf 4 warme Teller oder Schüsseln verteilen und vor dem Servieren jeweils mit 1 Löffel Crème fraîche oder Sahne garnieren. Mit der Küchenschere Schnittlauch auf die Teller verteilen.

Macht 6 Personen satt

KAPITEL 8

Gemüse

Butternuss zu rösten war einfach. Andere Gemüsesorten von einer Beilage zur Berühmtheit zu machen ebenfalls.

Behandle sie gut

Als Kind gab ich Gemüse ganz schlimme Namen: Nashornpopel (Rosenkohl), Insektenflügel vom Amazonas (Zuckererbsen) und Spargel, na ja, du kannst es dir denken. Ich konnte so gar nicht verstehen, warum Popeye süchtig nach Spinat war – das war doch Gartenabfall! Heute gehört er zu meinen Lieblingssorten. Warum? Wenn du Spinat sorgfältig wäschst, sodass er nicht knirscht, die Stiele entfernst und ihn zart garst, wirst du dich vor kleinen Kindern, die eine zweite Portion wollen, kaum retten können. – B

Viele werden als Gemüsehasser groß: Schließlich steht es zwischen uns und Pudding! Unsere Eltern versuchten uns mit Engelszungen zum Gemüseessen zu überreden. Sie erfanden Geschichten von Erbsen, die eigentlich die Murmeln von Zwergen seien, und von Brokkolibäumen, die aus dem Feenwald stammen. Aber eigentlich hätten sie das Gemüse nur richtig zubereiten müssen. Doch das ist nichts, was man von Schulkantinenköchen lernt. Deren Antwort auf alles, was nicht Tier oder Mineral ist, lautet nämlich: »In Wasser kochen.«

Warum mögen viele kein Gemüse? Vermutlich weil sie sich keine Gedanken über die Zubereitung machen – und sie deshalb als öde Tischgesellen betrachten. Wie also behandelt man ein Gemüse richtig? Indem man versteht, was es ist. Jedes Gemüse hat seinen eigenen Charakter und will dementsprechend behandelt werden – du würdest ein Hähnchen ja auch nicht wie ein Steak zubereiten.

Möhren zum Beispiel fühlen sich wohler, wenn sie in Fett gebraten werden, während Mangold viel Kochwasser benötigt, um so weich und biegsam zu werden wie Wildleder. Probier mal, Blumenkohl zu rösten – er verändert seine ganze Persönlichkeit. Gemüse braucht – vielleicht mehr noch als Fleisch – Würze und viel Unterstützung. Deshalb holen wir uns eine Zwiebel, etwas Parmesan, vielleicht ein wenig Zitronenschale oder Knoblauch hinzu.

Unsere Rezepte können alle vorbereitet und vor dem Servieren aufgewärmt oder fertiggestellt werden. Dadurch gibt es keine großen Probleme, die Beilagen auf den Punkt fertigzustellen. Schon vergessen? Das Zeitalter von »ein Stück Fleisch plus zwei Sorten Kochgemüse« ist lang vorbei. Nur weil man mit Pflanzen kocht, heißt das nicht, dass man sich keine Mühe geben muss, denn auch für sie gibt's die perfekte Technik.

Buttermöhren

Wenn man Möhren in Wasser kocht, geben sie ihren Geschmack ans Wasser ab. Aber wenn man sie in Butter mit fest aufgelegtem Deckel schmort, sodass sie im Topf gedämpft werden, behalten sie ihren schmackhaften Saft und die ihnen eigene Süße.

6–7 mittelgroße Möhren (500 g)
1 TL Butter
Meersalz und frisch gemahlener schwarzer Pfeffer
1 EL fein gehackte Petersilie

Ich bereite Möhren immerauf diese Art zu, und sie verzeihen viel. Ich habe sie schon in dicke Stücke oder schräg geschnitten, um diagonale Stücke zu erhalten, aber sie gelangen immer super. – N

1. Kopf und Fuß der Möhren abschneiden, schälen und anschließend in etwa 5 mm dicke Scheiben schneiden.
2. Mit der Butter in einen mittelgroßen Topf geben und großzügig würzen. Den Deckel auflegen und auf mittlerer Stufe erhitzen, bis alles kräftig köchelt. Gut umrühren, sodass alle Möhrenscheiben mit Butter bedeckt sind.
3. Sicherstellen, dass der Deckel fest aufliegt, und die Herdplatte auf kleine Stufe stellen. 20 bis 25 Minuten garen und dabei gelegentlich umrühren, bis die Möhren weich sind. Immer wieder mal nachschauen und noch einmal umrühren; solange der Deckel aufliegt und Dampf im Topf ist, sollten die Möhren jedoch nicht anbrennen.
4. Die Petersilie unterheben und heiß servieren (oder später wieder aufwärmen).

Reicht für 4 Personen als Beilage

Mach dein Rezept daraus

… ½ Teelöffel Honig und 1 Teelöffel fein geriebene Zitronenschale mit in den Topf geben, bevor du den Deckel auflegst. Die Petersilie zum Schluss weglassen.

… die Petersilie weglassen und 1 Teelöffel fein gehackten Thymian hinzufügen, wenn du die Möhren in den Topf gibst.

Blanchieren

Mit diesem Kniff bleibt grünes Gemüse (wie Bohnen oder Brokkoli) leuchtend – dazu beenden wir den Garvorgang abrupt, damit aus Grün nicht Khaki wird.

- Eine große Schüssel mit Eiswasser bereitstellen, damit das Gemüse direkt aus dem Topf hineingetaucht werden kann.
- Einen großen Topf mit Salzwasser zum Kochen bringen – nach dem gleichen Prinzip wie für Pasta (Seite 68): 1 Liter Wasser pro 100 g Gemüse und so salzig wie das Meer!
- Sobald es heftig sprudelt, das Gemüse untertauchen, den Deckel auflegen und warten, bis das Wasser wieder sprudelnd kocht.
- Den Deckel abnehmen und nach 3 Minuten 1 Bohne oder 1 Brokkoliröschen probieren, um zu prüfen, ob es gar ist – zart, mit leichtem Biss, aber noch von kräftiger Farbe.
- Sobald das Gemüse gar ist, durch ein Sieb abgießen und sofort in das Eiswasser tauchen.

Wichtig zu wissen

Große Töpfe, viel Wasser

Verwende einen ausreichend großen Topf, damit das Wasser um das Gemüse zirkulieren kann. Füll den Topf fast bis zum Rand – es kann länger dauern, ihn zu erhitzen, aber je mehr Wasser darin ist, umso schneller wird es wieder kochen, nachdem das Gemüse hineingetaucht wurde. Komisch, aber wahr.

Mach's kurz

Das Gemüse sollte nicht länger als 5 oder 7 Minuten garen. Und versuch nicht, etwas warm zu halten – es wird weitergaren.

Keine Säure beim Würzen

Zitronensaft entzieht gekochtem grünem Gemüse Farbe.

Grüne Knoblauchbohnen

Die Bohnen der Länge nach zu halbieren sieht edel aus (und erleichtert eine Menge Vorbereitungsarbeit), der Knoblauch sorgt dann für den Wow-Effekt. Dadurch können die Bohnen auch wieder aufgewärmt werden, ohne Farbe lassen zu müssen.

Der Stielansatz wird später benötigt, um die Bohnen zu halbieren. – B

350 g grüne Bohnen, NICHTS abschneiden
4 Knoblauchzehen, geschält
Meersalzflocken und frisch gemahlener schwarzer Pfeffer
3 EL Olivenöl extra vergine

Die Bohnen sollten zart und strahlend grün sein. Harte Bohnen sind keine gegarten Bohnen. Sie sollten beim Beißen nachgeben und nicht vom Teller springen oder zwischen den Zähnen quietschen. – N

1. Einen Topf Wasser zum Kochen bringen, die Bohnen darin kochen und blanchieren (wie auf Seite 109 beschrieben).
2. Jetzt wird's lustig: Die Bohnen halbieren. Den Stielansatz der Bohne fassen und nach unten ziehen – er kann abbrechen, reißt aber die Bohne an der Hälfte ein. Nun ist sie bereit, sich zu teilen, und sollte leicht auseinandergehen (falls nötig, mit dem Fingernagel an der Bruchstelle heruntergleiten).
3. So mit allen Bohnen verfahren, bis sie halbiert sind.
4. Den Knoblauch grob hacken, mit Meersalzflocken bestreuen und ganz fein hacken (fein gehackt – siehe Seite 38).
5. Das Öl auf mittlerer Stufe in einer Pfanne erhitzen und den Knoblauch darin 4 bis 5 Minuten braten, bis er weich ist, ohne Farbe angenommen zu haben – das Öl soll Aroma bekommen und der Knoblauch gar werden.
6. Die Bohnen zufügen, sie durchgängig erwärmen und in der Pfanne mit dem Knoblauch vermengen. Großzügig mit Salz und Pfeffer würzen und servieren.

Reicht für 4 Personen als Beilage

Mach dein Rezept daraus

… tu dir einen Gefallen und gib direkt nach dem Servieren fein geriebenen Parmesan über die Bohnen.

Listiger Rahmspinat

Spinat hat viele Ballaststoffe und enthält über 90 Prozent Wasser. Er braucht viel Hitze, um Feuchtigkeit zu verlieren und seine Farbe zu behalten. Dann muss man nur noch ein paar geheime Zutaten hinzufügen …

Sehr fein hacken, denn es wird nicht püriert, um ungebetene Zwiebelstücke im glatten Spinat zu beseitigen. – N

400 g Babyspinat
2 EL Butter
1 große Zwiebel, fein gehackt
Frisch gemahlene oder geriebene Muskatnuss
Meersalz und frisch gemahlener schwarzer Pfeffer
4 EL fein geriebener Parmesan

Als Brandon dieses Rezept zum ersten Mal gekocht hat, war ich mir sicher, dass er Sahne verwendet hatte. Er weigerte sich, mir sein Geheimnis zu verraten, aber ich habe es aus ihm herausgekriegt: Parmesan! Irgendwie verschmilzt der Käse mit den Säften und erzeugt eine klebrige Textur. Und weil der Spinat so fein geschnitten ist, zerfällt er komplett. – N

1. Die Stiele von den Spinatblättern entfernen und die Blätter in ein Sieb legen.
2. Den Spinat unter fließendem kaltem Wasser gut waschen und dabei bewegen.
3. Abtropfen lassen. Es ist nicht schlimm, wenn ein wenig Wasser an den Spinatblättern bleibt. Wenn er im Topf ist, hilft ihm das bei der Dampfentwicklung.
4. 1 Handvoll Blätter nehmen, fest zusammenhalten und so fein wie möglich schneiden, sodass ein Häufchen Spinatfetzen entsteht. Mit dem verbleibenden Spinat ebenso verfahren.
5. Die Butter in einem mittelgroßen Topf auf kleiner Stufe erhitzen. Die Zwiebel zufügen, den Deckel auflegen und etwa 5 Minuten dünsten. Ab und zu nachschauen und umrühren.
6. Den Deckel entfernen und weitere 5 Minuten garen, bis die Zwiebel schön weich ist, aber noch keine Farbe angenommen hat.
7. Den Spinat mit in den Topf geben, mit 1 Prise Muskatnuss und reichlich Salz und Pfeffer würzen. Die Herdplatte auf mittlere Hitze stellen und unter Rühren kochen, bis der Spinat weich wird und zusammenfällt. Er sollte sein Volumen reduziert haben, aber immer noch hellgrün sein. Der größte Teil der Flüssigkeit sollte verkocht sein, aber der Spinat darf nicht vollkommen trocken werden.
8. Weiterrühren, den Parmesan zufügen und mit einem Holzlöffel unter den Spinat rühren, bis er geschmolzen ist und die Mischung klebrig aussieht. Wenn noch Flüssigkeit da ist, weiterköcheln und rühren, bis sie verschwindet.
9. Abschmecken und servieren (oder später aufwärmen).

Reicht für 4 Personen als Beilage

KAPITEL 9

Béchamelsauce

Für echten Rahmspinat braucht man Béchamelsauce – ein Baustein, den du kennen solltest …

Die Mutter aller Saucen

Das Geheimnis gelungener Käsemakkaroni – dieses allseits beliebten Gerichts mit umhüllender, cremiger Sauce und zerfließendem Käse – ist eigentlich die Sauce. Béchamelsauce besteht aus Milch, die mit Butter und Mehl angedickt wird, und ist eine Sauce, die du im Repertoire haben solltest – vor Langem schon haben die Franzosen sie sich als Mutter ihrer Saucen auf die Fahne geschrieben.

Die pure Béchamel wechselt sich bei einer Lasagne mit Fleischsauce ab oder wird in Spinat gerührt, um daraus Rahmspinat zu machen. Wenn man geriebenen Cheddar hinzugibt, sind alle Zutaten für einen Blumenkohlauflauf oder Käsemakkaroni beisammen. Sobald du verstanden hast, wie sich Béchamelsauce verhält, kapierst du auch, wie man Bratensauce macht, die man ebenfalls mit Butter und Mehl ansetzt.

In die Butter-Mehlschwitze (im Französischen *Roux* genannt) wird Milch gerührt; die Zutaten bleiben immer die gleichen, nur das Mischverhältnis ändert sich je nach Verwendung – Rahmspinat muss noch seine Form behalten, wenn er mit dem Löffel auf den Teller gehoben wird; aber die Käsesauce, die aufs Schnitzel kommt, muss richtig heruntertropfen. Wofür sie auch verwendet wird: Sie sollte immer so glänzend und glatt wie möglich sein.

Wichtig zu wissen

Die Milch erwärmen

Wir finden, dass die Milch sich besser mit dem *Roux* bindet, wenn sie warm ist.

Betrachte es so, als würdest du mit Stützrädern Fahrrad fahren lernen. Wenn du sicher fährst, werden sie entfernt. Wenn du einmal ein Gefühl dafür entwickelt hast, wie viel kalte Milch in die Mehlschwitze gegossen werden kann, brauchst du auch keinen weiteren Topf mehr zum Aufwärmen der Milch. – N

Mehl anschwitzen

Das Mehl wird zu Beginn in Butter angeschwitzt, damit es in der fertigen Sauce nicht nach Mehl schmeckt. Wenn es anfängt, nach gebackenen Keksen zu riechen, hast du's geschafft.

Bitte nicht braun

Butter und Mehl sollten keine Farbe annehmen. Wenn es dunkler als goldgelb wird, beginnst du besser von vorn … sonst wird es eine braune Sauce.

Lass es blubbern

Wenn die Sauce blubbert, bekommt sie einen schönen Glanz.

Béchamelsauce

500 ml frische Vollmilch
40 g Butter
40 g Mehl
Weißer Pfeffer und Meersalzflocken

Ich bevorzuge weißen Pfeffer, dann »beschmutzen« keine schwarzen Punkte die Sauce. – N

Denk daran, die Milch aufzubrühen! Wir kommen bei der Schokoladensauce darauf zurück. – N

Béchamelsauce ist eher Nikkis Ding, nicht meins, aber beim Zuschauen und Rumprobieren habe ich gelernt: Nur keine Angst! Im schlimmsten Fall wird die Sauce klumpig. Dann muss man sie durch ein Sieb passieren. Ist sie zu dickflüssig, verdünnt man sie einfach mit etwas mehr Milch. – B

Wenn man die Milch nach und nach zugibt, kriegt man leichter eine glatte Sauce hin. – N

1. Die Milch in einem kleinen Topf auf mittlerer Stufe bis kurz vor dem Siedepunkt erhitzen – dann steigt Dampf auf, und am Rand bilden sich Bläschen. Man nennt das Milch aufbrühen. Vom Herd nehmen und den Deckel auflegen, um sie warm zu halten.
2. Die Butter in einem kleinen Topf auf mittlerer Stufe erhitzen, bis sie zu schäumen beginnt. Das Mehl mit dem Schneebesen einrühren. Zunächst riecht das vielleicht wie Knete.
3. Weiterköcheln lassen und mit dem Schneebesen rühren. Die Nase immer wieder über den Topf halten, bis es nach Keksen riecht, aber immer noch eine helle, leicht goldgelbe Farbe hat. Das kann 1 bis 4 Minuten dauern.
4. Ein wenig warme Milch zugießen. Keine Panik, wenn alles erst einmal zu einem pampigen Teigklumpen verklebt! Ruhig bleiben und weiter mit dem Schneebesen rühren. Die verbleibende Milch nach und nach einarbeiten.
5. Sobald die ganze Milch zugegeben wurde, die Hitze höherstellen und aufkochen. Sobald die Mischung kocht, die Herdplatte auf mittlere Stufe stellen und weitere 3 Minuten köcheln.
6. Mit Salz und Pfeffer würzen und, falls die Sauce nicht sofort verwendet wird, ein Stück Frischhaltefolie direkt auf die Oberfläche legen, damit sich keine Haut bildet. Auf Haut folgen oft Klümpchen!

Mach dein Rezept daraus

… die warme Milch mit 1 oder 2 Lorbeerblättern aromatisieren.
… zum Schluss neben Salz und Pfeffer auch frisch gemahlene Muskatnuss hinzufügen.

Von der Béchamel- zur Käsesauce

Auch Parmesan oder Gruyère passen gut. – N

Sobald die Sauce aufgekocht ist, den Topf vom Herd nehmen und 70 g geriebenen Cheddar (den starken, reifen) hinzufügen. Rühren, bis der Käse vollkommen in der Sauce zerschmolzen ist.

Wichtig zu wissen

Den Käse nicht zum Kochen bringen!

Die Sauce vom Herd nehmen, bevor du den Käse zugibst, denn wenn der Käse bis auf den Siedepunkt erhitzt wird, bildet er Fäden. Nicht gut!

Mach dein Rezept daraus

… ½ Teelöffel scharfen Senf oder Dijon-Senf zufügen.
… 2 Esslöffel Sahne oder Frischkäse unterrühren, das verleiht der Sauce eine reichhaltige und cremige Konsistenz.

Aus Käsesauce Blumenkohlauflauf machen

Einen Topf mit Wasser füllen, Salz hinzufügen und zum Kochen bringen. 500 g Blumenkohlröschen in den Topf geben und 4 Minuten kochen, bis sie weich sind. Abgießen und abtropfen lassen, auf Küchenpapier trocken tupfen und auf dem Boden einer Backform verteilen. Die Käsesauce mit dem Löffel gleichmäßig darüber verteilen und mit 40 g geriebenem Cheddar bestreuen. Überbacken, bis der Käse geschmolzen ist und goldbraun wird. Heiß servieren.

Käsemakkaroni

Mit diesen Käsemakkaroni kriegst du eine Armee satt. Sehr käsig und reichhaltig.

100 g Butter
100 g Mehl
1,4 l frische Vollmilch
500 g reifer Cheddar, gerieben
Meersalz und weißer Pfeffer
500 g Makkaroni

Ich verwende gern blassen Cheddar in der Sauce und einen gelblichen beim Überbacken, aber das sind meine persönlichen Vorlieben! – N

1. Den Backofen auf 190 °C vorheizen.
2. In einem großen Topf die Béchamelsauce (Seite 118) mit der oben angegebenen Menge an Butter, Mehl und Milch zubereiten und 5 Minuten köcheln. Die Wärmezufuhr anpassen und rühren, damit beim Kochen nichts am Boden des Topfes anhaftet.
3. Die Sauce vom Herd nehmen und 320 g geriebenen Käse unterrühren, bis er vollkommen aufgelöst ist. Großzügig mit Salz und Pfeffer würzen und beiseitestellen.
4. Einen großen Topf mit Salzwasser zum Kochen bringen. Wenn das Wasser sprudelt, die Makkaroni hineingeben, wieder zum Kochen bringen und weitere 5 bis 6 Minuten kochen – sie sollten nicht komplett gar sein.
5. In ein Sieb abgießen und gut abtropfen lassen. Die Nudeln zurück in den Topf geben und die Sauce untermengen.
6. Die Mischung in eine Backform geben (wir verwenden eine 5 cm tiefe Backform von 25 x 25 cm) und gleichmäßig glatt streichen. Mit dem verbleibenden geriebenen Käse bestreuen.
7. Auf der mittleren Schiene des Backofens 15 Minuten backen. Dann kurz den Grill einschalten, bis die Oberfläche goldbraun ist und Blasen wirft.

Wenn die einzelnen Nudeln im Auflauf gut zu erkennen sein sollen, dann die Makkaroni nach dem Kochen abschrecken! Wir haben zwar vorher gesagt, dass man Pasta nie abschrecken darf, aber in diesem Fall stoppt das kalte Wasser den Garvorgang sofort und verhindert, dass die Nudeln sich mit der Sauce verbinden. – N

Macht 6 Personen satt

Mein Freund Woz findet, dass Käsemakkaroni erst vollständig sind, wenn drinnen Speck ist und obendrauf Tomaten. Wenn du seiner Meinung bist (manchmal bin ich das auch), dann heb in Schritt 5 mit der Sauce auch gebratene Speckwürfel unter die Makkaroni und leg dünne Tomatenscheiben auf den Käsebelag, bevor alles in den Backofen geht. – B

Mmmmmmh … pure Nostalgie: Meine Mama hat dann immer noch ein wenig getrocknetes Basilikum über die Tomaten gestreut. – N

Wichtig zu wissen

Nicht gar kochen

Die Makkaroni nicht ganz gar kochen, damit sie noch etwas Sauce aufsaugen und im Backofen weitergaren können, ohne zu weich und schlaff zu werden.

Später nicht zu lang garen

Die Käsemakkaroni nicht zu lang im Backofen lassen und nicht auf zu hohe Temperatur stellen, sonst gerinnt die Käsesauce.

Rahmiger »Spinat«

Dieses Rezept klingt in Zeiten von Grünkohlchips und geröstetem italienischem Blattgemüse vielleicht altmodisch, aber wir haben nun einmal einen altmodischen Geschmack. Wir lieben Rahmspinat und glauben, dass eine Menge anderer Leute – auch wenn sie es nicht zugeben – das ebenfalls tun.

Wir werden nicht die Nase rümpfen, wenn du fertig gehackten und entstielten Mangold kaufst, aber du solltest ihn waschen. Nichts ruiniert Rahmspinat so vollkommen wie das Knirschen zwischen den Zähnen, wenn man auf ein Steinchen oder einen gekochten Käfer beißt! – B

Bei Mangold schneidet meine Mutter vom spitzen Ende zum Stiel, damit das Blatt sich sauber lösen lässt. – N

Ich finde es toll, dass man so weitere Geschmacksebenen erhält, ohne eine Zwiebel schneiden zu müssen. Übrigens: Franzosen betrachten es erst dann als Béchamelsauce, wenn die Milch so aromatisiert wurde. – N

400 g Mangoldblätter (nach dem Entfernen der Stiele gewogen)
Meersalzflocken und frisch gemahlener schwarzer Pfeffer
Frisch gemahlene oder geriebene Muskatnuss
60 ml Sahne

Für die Sauce
2 Nelken (optional)
1 Zwiebel, geschält und halbiert
1 Lorbeerblatt
250 ml frische Vollmilch
20 g Butter
20 g Mehl

1. Die Nelken (falls du sie verwendest) in die Zwiebelhälften drücken, dann Zwiebel und Lorbeerblatt in einen kleinen Topf geben. Mit Milch übergießen und auf mittlerer Stufe zum Aufbrühen erhitzen. Die Herdplatte abschalten, den Deckel auflegen und 10 bis 30 Minuten ziehen lassen.
2. Die Mangoldblätter (ohne Stiele) in ein Becken mit gesalzenem Wasser geben und hin und her bewegen. Mit den Händen herausnehmen und in einem Sieb abtropfen lassen. Dadurch sollten Sand- und Erdreste entfernt werden.
3. Einen großen Topf mit Wasser füllen, salzen und zum Kochen bringen. Den Mangold hineingeben, den Deckel auflegen, und sobald das Wasser wieder kocht, den Timer auf 5 Minuten stellen. Wenn die Zeit um ist, den Mangold abgießen.
4. Nun folgt der große Akt der Volumenreduzierung, für den Mangold – und Spinat – bekannt sind! Robuste Haushaltshandschuhe überziehen (damit du dich nicht verbrennst) und mit den Händen das Wasser aus dem Mangold pressen, bis er zu einer kompakten Kugel geworden ist und kein Tropfen mehr herauskommt.
5. Die aromatisierte Milch durch ein Sieb gießen und mit der oben angegebenen Menge an Butter, Mehl und Milch eine Béchamelsauce zubereiten, wie auf Seite 118 beschrieben. 2 Minuten kochen und mit Salz, Pfeffer und Muskatnuss abschmecken.
6. Den Mangold auf ein Brett legen und fein hacken. Unter die Sauce heben und unter Rühren erhitzen. Probieren und, falls nötig, nachwürzen, die Sahne unterrühren und servieren.

Man kann das auch in der Küchenmaschine machen, aber wir mögen die Struktur, die man durchs Schnippeln erhält. – B

Reicht für 4 Personen als Beilage

Spinat oder Mangold

Eigentlich sollte unser Rahmspinat ja Rahmmangold heißen, weil er mit Mangold gemacht wird. Diese großen, dicken, schrumpeligen Blätter mit dem weißen Stiel in der Mitte werden bei uns auch oft als Spinat bezeichnet.

Lasagne

Man kann alles sofort aufessen, aber diese Art von Lasagne wird bei jedem Aufwärmen besser. – N

Da du nun bereits zwei Drittel des Kochwegs zurückgelegt hast, können wir uns an die Lasagne machen. Das wohl populärste überbackene Pastagericht der Welt ist als Langweiler verschrien. Vermutlich weil es oft so uninspiriert, viel zu flüssig und mit labbriger Pasta daherkommt. Dann ist es aber keine Lasagne, sondern Kantinenfraß. Dieser Klassiker sollte stolz auf dem Tisch stehen und nicht versuchen, sich ins Eck zu verkrümeln. So funktioniert's:

Es kann sein, dass du nicht alle Teigblätter verbrauchst, aber es ist nicht schlimm, wenn einige davon übrig bleiben. – B

500 g Lasagneblätter
1 Portion Béchamelsauce (siehe Seite 118)
ABER: Sie muss in eine Schicht fließen, darum 600 ml Milch nehmen anstatt 500 ml
1 Portion Bolognese (siehe Seite 94)
ABER: Wir benötigen für die Lasagne eine etwas intensivere Sauce; deshalb 1 Löffel Tomatenmark mehr verwenden und
1 Rosmarinzweig von etwa 5 cm in die Sauce legen, wenn sie köchelt (herausnehmen, wenn die Sauce fertig ist).
Geriebener Parmesan

1. Den Backofen auf 180 °C vorheizen.
2. Einen großen Topf mit Wasser zum Kochen bringen und die Lasagneblätter kurz vorgaren, während die Schichten entstehen. Etwa 3 bis 4 Minuten sollten jeweils reichen.
3. Eine rechteckige Backform (wir verwenden eine von 25 x 20 cm) nehmen und 1 Schöpflöffel voll Béchamelsauce über den Boden verteilen. Er sollte etwa 3 mm hoch bedeckt sein.
4. Darauf einige vorgekochte Lasagneblätter verteilen, die sich an den Rändern leicht überdecken. Es kann sein, dass einige Lasagneblätter zugeschnitten werden müssen.
5. Darüber 1 Schicht Fleischsauce geben. Sie sollte dünn genug sein, damit hier und da ein wenig von der Pasta durchscheint.
6. 1 ebenso feine Schicht Béchamelsauce darüber verteilen und mit etwas Parmesan bestreuen.
7. Die nächsten vorgekochten Lasagneblätter aus dem Topf nehmen und sie für eine weitere Schicht in der Backform ausbreiten. Fortfahren, bis alle Zutaten aufgebraucht sind. Etwa 4 bis 5 Schichten wären perfekt.
8. Wenn die letzten Lasagneblätter verteilt sind, diese mit einer letzten dicken Schicht Béchamelsauce bedecken und großzügig mit Parmesan bestreuen.
9. Etwa 45 Minuten im Ofen garen, bis der Käse knusprig braun geworden ist.

Du hast sicher kapiert, dass der Trick darin besteht, nicht zu viel von jeder Schicht hineinzugeben – das macht eine großartige Lasagne aus (wir haben meist noch ein wenig Fleischsauce übrig, die genau reicht, um Spaghetti bolognese für zwei Personen zu machen). – B

KAPITEL 10

Pilze

Wie du an der Béchamelsauce gesehen hast, kann sich aus einer Technik eine Welt voller Möglichkeiten eröffnen …

Eine Technik, viele Rezepte

Hoffentlich wird dieses Kapitel: dir das Vertrauen schenken, viele verschiedene Rezepte anzugehen, sobald du den Trick raushast, wie man Pilze in einer Pfanne brät. Er ist weder teuer noch schwierig, doch wenn du ihn beherrschst, kannst du Tagliatelle mit Pilzen zaubern, eine sahnige Sauce für ein Steak oder einen Toastbelag für Sonntagabend.

Chefkoch Bertus Basson sagte mir mal: »Die meisten Leute braten Pilze nicht richtig. Sie verwenden eine kleine Pfanne mit Öl und vielen Pilzen. Man braucht aber eine große Pfanne mit Butter und wenigen Pilzen.« – N

Funghi lieben Butter. Und es besteht kein Zweifel daran, dass sie in der klassischen Kombination mit Butter, Knoblauch und Weißwein besser schmecken – sogar die einfachen Champignons. Das ist allerdings nicht die einzige Art, Pilze zuzubereiten: Man kann sie im Ganzen kochen oder in einer großen, heißen Pfanne wenden, bis sie karamellisiert sind. Wir gehen es langsam an und nähern uns dem Pilzragout, um eine weiche, saftige Masse zu bekommen, die als Basis für weitere Gerichte dienen kann.

Welche Pilze?

Wir verwenden einfache Zuchtpilze und entscheiden uns oft für die kleinen braunen Portobellini-Champignons für Pasta und die edlen blassen Champignons für Saucen.

Pilze putzen

Wir sind der Meinung, man darf sie in einem Sieb unter fließendem kaltem Wasser schwenken, solange sie dabei nicht eingeweicht werden. Falls du der »Nicht waschen«-Fraktion angehörst, reibst du sie einfach mit Küchenpapier ab.

Wichtig zu wissen

Sorgfältig schneiden

Dünnere rohe Scheiben = geschmeidigeres Endergebnis. Wir schneiden die Pilze hauchdünn, wenn sie zu Bandnudeln passen sollen, etwas dicker für einen Toastbelag oder eine cremige Sauce und noch dicker, wenn sie zu kurzen, dicken Nudelformen passen sollen.

Sei nett zum Knoblauch

Niemals braun werden lassen.

Verkoch das Pilzwasser

Die austretende Flüssigkeit sollte vollständig verkocht sein, bevor der Wein in die Pfanne gegossen wird, das verstärkt den Geschmack.

Nüchtern bleiben

Den Wein fast ganz verkochen lassen, damit sich der Alkohol verflüchtigt.

Die Pilzbasis

Die Garzeit beträgt maximal 15 Minuten, und dann musst du entscheiden, ob daraus ein Abendessen oder eine Sauce wird.

250 g braune oder weiße Champignons
4 Knoblauchzehen, geschält (ergibt etwa 1 EL gehackten Knoblauch)
3 EL Butter
Meersalz und frisch gemahlener schwarzer Pfeffer
120 ml trockener Weißwein

1. Die Pilze in ein Sieb geben und schnell unter fließendem kaltem Wasser abspülen. Schmutzreste dabei abreiben. Schütteln und abtropfen lassen.
2. 1 Pilz nehmen, den Stiel abschneiden und in runde Scheiben schneiden. Dann den Hut halbieren. Eine Hälfte mit der Schnittseite nach unten auf das Brett legen und je nach Verwendung in mehr oder weniger dünne Scheiben schneiden (siehe Seite 130). Mit der anderen Hälfte wiederholen. Auch die verbleibenden Pilze so schneiden.
3. Den Knoblauch fein hacken – siehe unsere Anmerkungen zum Thema Knoblauch auf Seite 38.
4. Die Butter in einer Pfanne (28 cm Durchmesser oder größer) auf mittlerer Stufe erhitzen, bis sie zu schäumen beginnt. Den Knoblauch zufügen und unter Rühren dünsten, bis er weich ist, aber noch keine Farbe angenommen hat – etwa 5 Minuten. Der Knoblauch darf nicht braun werden oder gar anbrennen (dann schmeckt er bitter). Er sollte von Bläschen umgeben sein und schäumen, während er sanft gart.
5. In dem Moment, in dem der Knoblauch einen Hauch von Farbe annimmt, geben wir unsere Pilzlein in die Pfanne – dadurch wird die Temperatur in der Pfanne sofort verringert, und wir verhindern, dass der Knoblauch braun wird.
6. Die Herdtemperatur höherdrehen. Gut umrühren, die Pilze wenden und in der Pfanne bewegen, damit der Knoblauch von unten nach oben kommt.
7. Nach etwa 2 Minuten werden die Pilze beginnen, Feuchtigkeit abzugeben. Jetzt kann man mit Salz und Pfeffer würzen. Weitere 2 bis 3 Minuten braten und regelmäßig umrühren, bis die Flüssigkeit in der Pfanne verkocht ist.
8. Den Wein zugießen, die Hitze auf hohe Stufe drehen und zum Kochen bringen. Wenn es eine Pastasauce werden soll, darf die Flüssigkeit nicht komplett einkochen – es sollte ein angedickter Weinsud um die Pilze herum verbleiben. Wenn es eine normale Sauce oder ein Toastbelag werden soll, muss der Wein komplett einkochen. Das Ganze sollte etwa 4 bis 5 Minuten dauern. Wenn der richtige Zeitpunkt gekommen ist, kurz probieren und nachwürzen, falls nötig. So, nun hast du deine Pilzbasis.

In den Ferien waren wir mal mit meinen Eltern im Bushveld-Komplex im Nordwesten Südafrikas unterwegs. Als wir im Supermarkt die Vorräte auffüllten, legten meine Eltern eine Packung Fertig-Pilzsauce in den Einkaufswagen. Nikki gab sich Mühe, ihr Entsetzen zu verbergen – ohne großen Erfolg. Es war einmalig; ich konnte sie schon sagen hören: »Warum denn nur? Eine Pilzsauce ist doch nicht mehr als Pilze und Sahne!« Also habe ich, als sie nicht hinsahen, die Packung aus dem Einkaufswagen geangelt, gegen ein Körbchen frischer Pilze und einen Becher Sahne ausgetauscht und ihnen gezeigt, wie einfach das geht (umblättern). – B

Sahne kann (anstelle von Béchamelsauce) auch die Basis anderer Saucen bilden, nicht nur der Pilzsauce. 240 ml Sahne mit 2 Esslöffeln Dijon-Senf und 1 Spritzer Zitronensaft köcheln, bis sie andickt und leicht eingekocht ist. Das ergibt eine köstliche Senfsauce. Oder mit 100 g fein geriebenem Parmesan – schon haben wir eine reichhaltige und schnelle Käsesauce. – N

Für die Pilzsauce …

Sobald der Wein eingekocht ist und noch einmal abgeschmeckt wurde (oder auch nicht), 250 ml Sahne zugießen und warten, bis sie heiß wird. Sobald sie zu blubbern beginnt, etwa 2 Minuten köcheln lassen oder bis die Sahne sichtbar andickt, sich aber noch gießen lässt. Die Pfanne vom Herd nehmen und servieren.

Ergibt 300 ml; das sollte für 4 Personen ausreichend sein.

Für Champignons auf Toast …

60 ml Sahne zur Pilzbasis gießen, aufwärmen lassen, bis sie blubbert, und einkochen, bis die Champignons mit einer angedickten sahnigen Schicht überzogen sind. Sofort aus der Pfanne schaben und auf dicke Scheiben weißen, gebutterten Toasts geben, mit fein gehacktem Schnittlauch bestreuen und ohne Zögern wegessen.

Macht 2 Personen satt

Für Pasta mit sahniger Pilzsauce …

250 g Tagliatelle kochen (siehe Seite 68), 1 Schöpflöffel voll Nudelwasser wegnehmen, die Pasta durch ein Sieb gießen und wieder in den Topf geben. Jetzt muss es schnell gehen: Den Topf auf mittlerer Stufe erhitzen, die Pilzbasis mit 60 ml Sahne und 2 Esslöffeln fein gehacktem Schnittlauch zufügen. Mit einer Küchenzange alles gründlich vermengen, bis die Sahne angedickt ist und eine Sauce bildet, die die Pasta gleichmäßig überzieht – falls nötig, ein wenig Nudelwasser (etwa 2 Esslöffel) zufügen, um die richtige Konsistenz zu erreichen. Sofort mit reichlich frisch gemahlenem schwarzem Pfeffer servieren.

Macht 2 Personen satt

Für Pasta mit Pilzen …

200 g Penne kochen (siehe Seite 68), 1 Schöpflöffel voll Nudelwasser wegnehmen, die Pasta durch ein Sieb abgießen und wieder in den Topf geben. Den Topf auf kleiner Stufe erwärmen und schnell arbeiten. Die Pilzbasis, ¼ Tasse gehackte Petersilie, 1½ Esslöffel kalte Butter und etwa ½ Tasse Nudelwasser hinzufügen. Alles verrühren, bis sich Nudelwasser und Butter zu einem Film glänzender Sauce auf dem Boden des Topfes verbinden. Mit frisch geriebenem Parmesan bestreuen (wenn du magst) und sofort servieren.

Macht 2 Personen satt

KAPITEL 11

Hitze

Die (Pilz-)Sauce und die Beilagen sind abgedeckt, lass uns einen Braten in der Röhre schmoren …

Hoch und niedrig

Es gibt gute Gründe, warum ein Rinderbraten zum Standardgericht von Hochzeits-Caterern gehört: (a) Er hat den Ruf, massenkompatibel zu sein – mager genug für halb verhungerte Models in paillettenbestickten Kleidern und weich genug für Großvaters Zähne, und (b) ihm steht »besonderer Anlass« auf die Stirn geschrieben. Vergiss nicht: Es gibt nur zwei saftige Filets pro Kuh, darum sind sie gefragt und teuer.

Es gibt sicher interessantere und geschmackvollere Stücke, aber Filet (wir reden hier von dem ganzen Ding, nicht von einzelnen Steaks) ist sehr nützlich, wenn man Leute eingeladen hat, weil man die anderen Gänge vorbereiten kann, während es gart, und niemand wird sagen: »Oh nein, nicht schon wieder Rinderfilet!« (Falls du doch Steaks auf Bestellung grillen möchtest, dann hol die Grillzange heraus und blättre auf Seite 159 zu den Rib-Eye-Steaks.)

Das Schöne an unserer bewährten Methode ist, dass sich das Filet so nicht nur von seiner besten Seite zeigt (nämlich zart), sondern auch Grundwissen über Fleisch im Eiltempo vermittelt: Zuallererst kaufen wir das beste rohe Produkt, erklären, warum Braten und Ruhen Waffenbrüder sind, zeigen, wie man die Wärmequelle in den Griff bekommt sowie extrem hohe und niedrige Temperaturen vorteilhaft nutzt.

Zunächst einmal musst du tapfer sein. Auch wenn du die Pfanne vor lauter Rauch nicht mehr sehen kannst und vom wütenden Zischen des Rindfleisches, das vom Gusseisen gerade Brandzeichen verpasst bekommt, kaum noch etwas hörst, musst du die Zähne zusammenbeißen und weitermachen. Das ist nicht der Zeitpunkt, zimperlich zu sein. Du wirst mit einem glänzenden, gerösteten Äußeren belohnt werden, das selbst dem magersten Braten noch Geschmack verleiht.

Nun musst du dem ganzen Vorgang vertrauen und die Hitze auf – für einen Braten – zweifelhaft niedrige Temperatur drehen. Du wirst dich fragen, ob wir wirklich wissen, was wir tun. Aber halt dich an unsere Vorgaben, und das Ergebnis wird ein von innen so perfekt gelungener, gleichmäßig rosa und zart gegarter Braten sein, dass du deinen Schwiegereltern nie wieder etwas beweisen musst.

Die gusseiserne Pfanne

Gusseisen ist auch sehr haltbar. Wir haben unsere Pfanne geerbt, als wir vor fast 15 Jahren aus einer Wohnung ausgezogen sind – und sie ist noch immer im Einsatz! – N

Gusseiserne Pfannen. Was soll der Hype? Nun, Gusseisen speichert Hitze hervorragend und behält die richtige Temperatur, wenn sie diese einmal erreicht hat, konstant bei. Aber gerade weil sie sich in dieser Hinsicht nicht vom Fleck rührt (zumindest eine lange Zeit lang nicht), ist es definitiv keine gute Idee, eine solche Pfanne für Rezepte zu nutzen, bei denen ein Stepptanz zwischen hoher, niedriger und mittlerer Temperatur vollführt wird. Und genau aus diesem Grund benutzen wir gern emailliertes Gusseisen für langsames Garen – es eignet sich hervorragend, um Zutaten zu bräunen und die Temperatur zu halten, auch wenn es in diesem Fall sehr niedrige Temperaturen sind.

Wir haben eine gusseiserne Pfanne von 25 cm Durchmesser, aber es ist nicht sonderlich schlimm, wenn du keine hast – ein großer Topf mit schwerem Boden wird auch gehen.

Noch eine Bemerkung zum Säubern der gusseisernen Pfanne: Niemals Spülmittel verwenden! Wir gießen sofort nach dem Braten Wasser in die noch heiße Pfanne, und wenn sie abgekühlt ist, spülen und bürsten wir sie erneut mit kochend heißem Wasser. Dann trocknen wir sie gründlich ab, reiben mit Küchenpapier ein wenig Öl hinein und räumen sie weg.

Wichtig zu wissen

Das Fleisch auf Zimmertemperatur bringen

Fleisch, das Zimmertemperatur hat, brutzelt in dem Moment, in dem es einen heißen Pfannenboden berührt, und beginnt sofort zu bräunen. Ein kaltes Stück Fleisch bringt die Temperatur in der Pfanne nach unten – genau das willst du nicht!

Den Braten binden

Ein Filet ist nicht durchgehend gleich groß. Es gibt ein dickeres Ende am Kopf, und dann die Filetspitze. Wenn die Filetspitze dünn ist, sollte man sie falten und am Rest des Filets festbinden. Dafür gibt es keine besondere Technik: Ein paar Fäden Kochgarn abschneiden und um das Fleisch binden, um ein einheitliches Stück daraus zu machen, das gleichmäßig gart.

Das Fleisch ölen, nicht die Pfanne

Überschüssiges Öl wird dich, den Herd und die Küchenwände bespritzen. Das Filet wird nicht frittiert, sondern angebraten.

Bei Salz und Pfeffer bleiben

Eine Schicht Gewürzmischung oder Marinade ist beim Bräunen im Weg. Sie würde noch vor dem Fleisch mit der Hitzequelle in Berührung kommen.

Kurz vorm Anbraten würzen

So hat das Salz keine Zeit, dem Fleisch Wasser zu entziehen, denn dadurch würde es zäh und trocken werden – es sei denn, du schaffst es, 24 Stunden im Voraus zu würzen (was dann den gegenteiligen Effekt hat), aber seien wir ehrlich, das ist unwahrscheinlich.

Die Pfanne muss brennend heiß sein!

Die größte Herdplatte wählen, auf die höchste Stufe stellen und die Pfanne daraufsetzen. Warten, bis sie so heiß ist, dass es unangenehm ist, die Hand über die Pfanne zu halten. Wenn schwache Rauchschwaden aus ihr zu steigen scheinen, umso besser. Dann rundherum braun anbraten.

Kein zu heißer Backofen

Vielleicht denkst du, dass es da drin nicht gar wird, aber du solltest dem Drang widerstehen, den Backofenregler nach oben zu drehen. Hab ein wenig Vertrauen.

Ruhen lassen

Du hast wahrscheinlich schon einmal gehört, dass man Fleisch ruhen lassen soll. Das stimmt. Wenn man ein heißes Stück Fleisch sofort schneidet, nachdem es aus dem Ofen kommt (oder aus der Pfanne oder vom Grill), tritt Saft aus. Wenn man es ruhen lässt, bleibt der Saft im Fleisch und verteilt sich gleichmäßiger. Die Ruhezeit sollte etwa halb so lang sein wie die Garzeit.

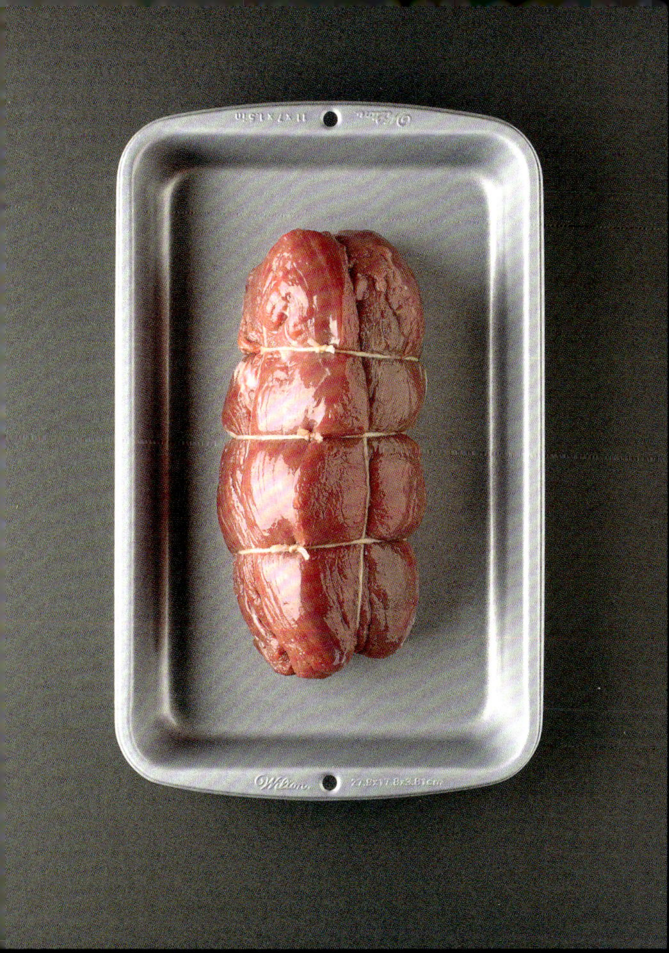

S
P

50
100
150
200
250
300
350
400
450
F
10
50
100
150
200
230
C
OVEN
THERMOMETER

Narrensicheres Filet

Wir haben diese Methode an Freunde, Kollegen und auch an Brandons Vater weitergegeben. Sie alle schwören darauf. Erfunden hat's Anton du Preez. Anton ist der Typ, der unseren Ofen repariert. Er ist ein Technik-Crack, der viel Zeit in Restaurantküchen verbringt, wo er sich das Geheimnis eines perfekt gegarten Filetstücks abgeschaut hat. Als Anton unser defektes Thermostat austauschte, hat er uns erzählt, was er gelernt hatte – und wir sind nie wieder davon abgewichen. Danke, Anton!

Ein extrem großes Filet kann schwer zu händeln sein – und vielleicht nicht in deine Pfanne passen – deshalb ist es eventuell einfacher, zwei Filets à 500 g zu verwenden. Wenn du dich wirklich auf ein großes, schweres Stück Fleisch versteift hast, dann mach ein Lagerfeuer im Garten und röste das Biest darüber an. – B

1 kg abgehangenes Filet, auf Zimmertemperatur
Pflanzenöl
Meersalzflocken und frisch gemahlener schwarzer Pfeffer

1. Den Backofen auf 100 °C vorheizen.
2. Alle Küchenfenster öffnen, Zwischentüren schließen und Eingangs- und Hintertür öffnen, um Zugluft zu erzeugen. (Solltest du über den Luxus eines Abzugventilators verfügen, schalte ihn ein.) Beim Anbraten des Filets entsteht eine MENGE Rauch.
3. Das Filet mit ein wenig Öl einreiben und großzügig mit Salz und Pfeffer würzen.
4. Eine große gusseiserne Pfanne (oder eine Pfanne mit schwerem Boden) auf extrem heißer Herdplatte erhitzen, bis sie wirklich sehr heiß ist.
5. Das Filet in die Pfanne legen und etwa 5 Minuten von jeder Seite anbraten und jeweils um 90 Grad drehen, bis es rundherum schön braun geworden ist.
6. Das Filet (mit der schönsten Seite nach oben) in eine Bratform legen und im Backofen bei 100 °C 50 Minuten schmoren.
7. Aus dem Ofen nehmen und unbedeckt 20 Minuten ruhen lassen.

Da ist dieses Maillard-Ding schon wieder! – B

NICHT hinreißen lassen, es mit Aluminiumfolie, einem Deckel oder irgendetwas anderem zu bedecken – dann gart es einfach weiter. – N

Macht 4 Personen satt

Dazu schmecken:

- Pilzsauce (Seite 134) + Kartoffelpüree (Seite 182) + Grüne Knoblauchbohnen (Seite 110)
- Pilzsauce (Seite 134) + Röstkartoffeln (Seite 186) + Rahmspinat (Seite 124)

Was du willst

Geschmack vor

Wie schon erwähnt, ist Filet nicht gerade für seinen starken Geschmack bekannt, also muss man ihn wirklich herausarbeiten. Weißt du noch, dass wir gesagt haben, dass die Maillard-Reaktion Geschmack und Komplexität bringt? Das schafft auch, wer trocken gereiftes Fleisch kauft. Es kann sein, dass ein Metzger beim Filet auf das Abhängen verzichtet, weil es nicht nötig ist – es ist sofort nach dem Beschnitt zart. Die Trockenreifung verbessert jedoch den Geschmack (mehr über abgehangenes Fleisch steht auf Seite 146).

Saftig halten

Dieses Filet ist in der Mitte rosa, aber nicht »blutig«, beruhigend für diejenigen, die keine großen Anhänger von rohem Fleisch sind. Die Scheiben sehen eher aus wie das englisch gebratene Roastbeef, das man an der Feinkosttheke bekommt. Wenn du es aus dem Ofen nimmst, wirst du sehen, dass es nicht an Volumen verloren hat und kein Saft in die Bratform ausläuft – dank des Niedrigtemperaturgarens (und des anschließenden Ruhens) bleibt er im Fleisch.

Blutig, aber nicht roh

Hier noch ein paar Informationen der höheren Schwierigkeitsstufe, falls du besonders clever rüberkommen willst: Wie »durchgebraten« das Fleisch wird, wenn man es so nennen mag, hängt davon ab, wie heiß der Braten innen wird. Bei 50 bis 60 °C wird der Braten innen blutig bis englisch. Wir garen bei nur 100 °C, also kann 1 kg Braten auch nach 1 Stunde im Backofen innen nicht mehr als 60 °C erreichen. Deshalb bleibt das Fleisch so zart, dass es im Mund zergeht. Ende der Schulstunde.

Auf dem Holzkohlegrill bräunen

Am Filet ist so gut wie kein Fett, deshalb kann man es über extremer Hitze bräunen, nur Millimeter von der Kohle entfernt. Das Filet auf einen Grillrost legen, 2 Minuten grillen und dann um 90 Grad wenden, um die nächste Seite in Kontakt mit dem Rost zu bringen. So weitermachen, bis alle 4 Seiten ihre 2 Minuten Schmerz erlitten haben. Darauf achten, dass alle vier Seiten die gleiche Grillzeit erhalten, damit der Braten rundum gleichmäßig gebräunt wird. Ein dickes Filetstück wird in so kurzer Zeit nicht richtig gegart – wenn du es also etwas dunkler haben möchtest, wiederhol den Vorgang und grill jede Seite noch einmal.

Rindfleisch zuschneiden

Die Zuschnitte für Steak, die man lernen sollte, sind die *Big Three* (Rumpsteak, Filet und Lende) sowie ein relativer Newcomer (das Rib-Eye-Steak). Denk dran: Steak ist Muskelfleisch, also kommen die zartesten Stücke aus den Körperteilen, die das Tier am wenigsten benutzt – vor allem aus der Mitte. Der Geschmack hängt davon ab, wie viel Fett im Muskel ist. Experten werden also immer dazu raten, Fleischstücke zu wählen, die marmoriert, also fein mit Fett durchzogen sind.

Rumpsteak

Oft muss man bei der Auswahl eines Steakzuschnitts ein Tauschgeschäft zwischen Geschmack und Textur eingehen. Je besser es schmeckt, umso zäher wird es sein. Rumpsteak ist dafür ein gutes Beispiel: Es ist der geschmackvollste der drei bekannten Zuschnitte, aber auch der zäheste. Und weil es so gut schmeckt, ist es auch die Greta Garbo unter den Steaks – es »will allein gelassen werden«. Ohne Schnickschnack, ohne Sauce.

Filet

Am anderen Ende der Skala wartet das beste, zarteste Fleisch, dessen Geschmack jedoch eher dezent ist. Beim Filet geht es um die Textur. Es ist das Supermodel unter den Steaks – sieht fantastisch aus, fühlt sich toll an, aber es mangelt ihm an Substanz. Manche mögen es gerade deshalb so sehr: eben weil es keine Herausforderung darstellt. Hilf ihm ein bisschen und servier eine Sauce dazu – vielleicht die Pilzsauce auf Seite 134.

Lende

Dieser Klassiker sitzt zwischen den Stühlen: Er stammt aus dem Bereich vor dem Rumpsteak und über dem Filet. Somit ist die Lende in Zartheit und Geschmack sehr ausgeglichen. An einer Seite läuft meist ein Streifen Fett entlang, deshalb benötigt es nicht so viel Hilfe wie das anspruchsvolle Filet – und behauptet auch in Sauce getunkt seinen Eigengeschmack.

Rib-Eye-Steak

Das Rib-Eye-Steak konnte erst in den letzten Jahren die Herzen vieler Metzger erobern. Es ist ein erstklassiger Zuschnitt aus dem Bereich der Hochrippe. Da das Tier diesen Teil seines Körpers keinem Sportprogramm unterzogen hat, ist es ein herrlich geschmackvolles Stück und toll marmoriert: Darum halten es viele Steakliebhaber für den besten Zuschnitt.

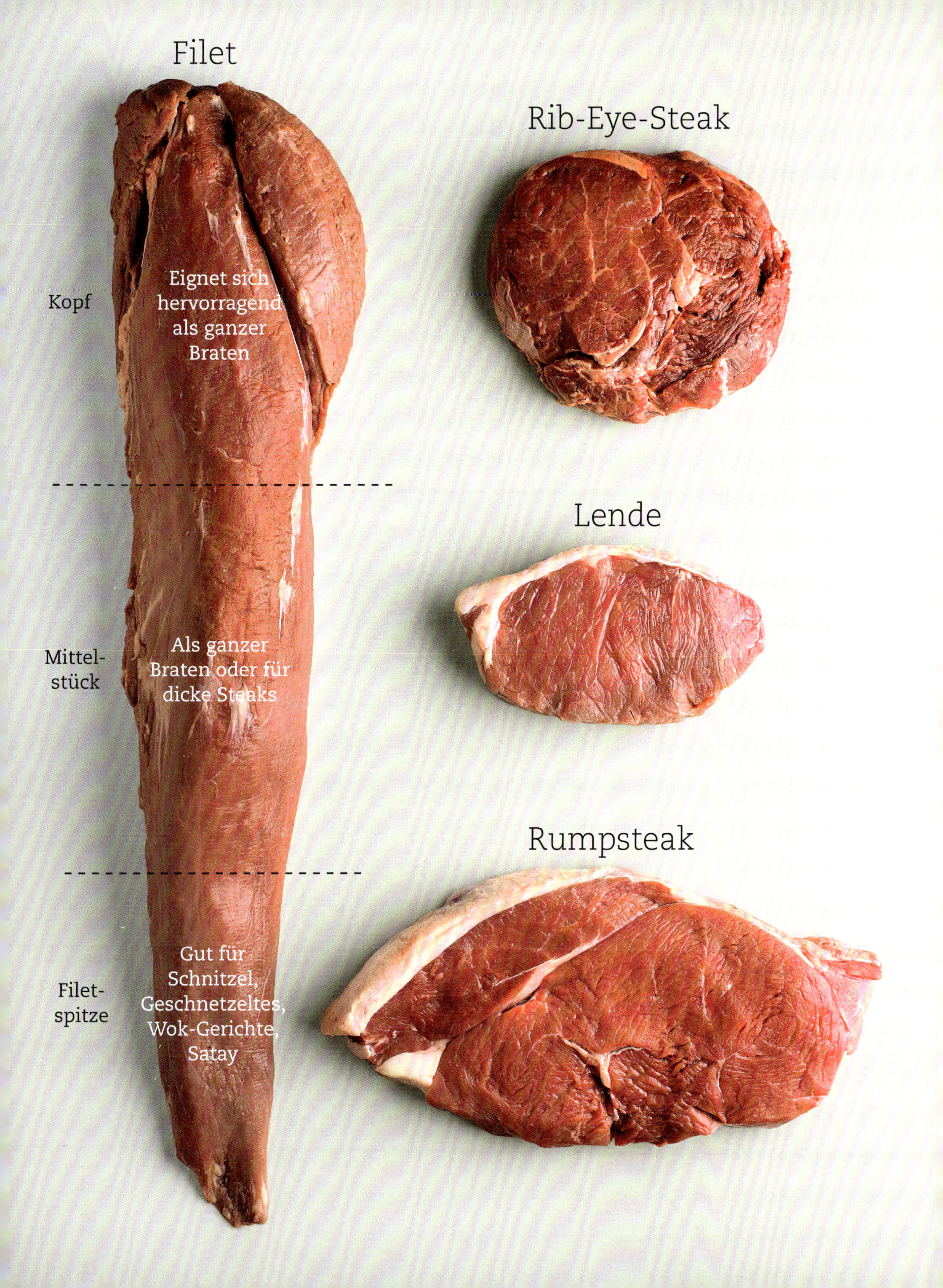
Filet
Rib-Eye-Steak
Kopf
Eignet sich hervorragend als ganzer Braten
Lende
Mittel-stück
Als ganzer Braten oder für dicke Steaks
Rumpsteak
Filet-spitze
Gut für Schnitzel, Geschnetzeltes, Wok-Gerichte, Satay

Die feuchte und die trockene Reifung haben eine positive Auswirkung auf die Zartheit des Fleisches, aber wir mögen unser Rind gut abgehangen – das heißt trocken gereifte Steaks. Wenn wir denn welche finden. – B

Warum gereiftes Rindfleisch kaufen?

Es ist zarter und hat einen komplexeren Geschmack als ganz frisches Fleisch. Das ist nicht nur unsere Meinung, sondern eine allgemein anerkannte Tatsache. Jeder Metzger, der diesen Namen verdient, wird dir nur Fleisch verkaufen, das ausreichend gereift ist. Im Fall von Rindfleisch ist das ein Minimum von 10 Tagen.

Trockenreifung

Die Kühlkammer gehört zur alten Schule: Hier hängt das Fleisch an der frischen Luft (natürlich mit Temperaturkontrolle). Dabei geschehen zwei Dinge: Erstens zersetzen die natürlichen Enzyme die Muskelfasern, wodurch das Fleisch zart wird. Zweitens machen sich die Enzyme an den Proteinen und insbesondere am Fett zu schaffen, was – in Zusammenarbeit mit dem Sauerstoff – für den einzigartigen Geschmack sorgt, den nur trocken gereiftes Fleisch hat. Je länger es abgehangen wird, umso teurer wird es sein. Denk allein nur an die Miete für die Kühlkammer!

Nassreifung

Heutzutage ist der größte Teil des angebotenen Fleisches nass gereift. Das bedeutet, es wurde fast sofort nach dem Auslösen vakuumverpackt. Die Enzyme machen auch hierbei ihre Arbeit, aber ohne Oxidierung. Deshalb ist die Geschmacksentwicklung bei diesem Reifeprozess spürbar anders als bei der Trockenreifung. Dieses Fleisch ist günstiger, weshalb man zwischen Preis, Qualität und persönlichem Geschmack abwägen muss. Deine Entscheidung.

Das Menü

Eines unserer liebsten Menüs für besondere Anlässe dreht sich um dieses narrensichere Filet. Am Ende des Buches wirst du das ganze Menü zubereiten können – zwei Drittel des Weges hast du schon hinter dir!

So gehen wir vor: Alle an den Tisch setzen und mit Körben voll dick geschnittenen Baguettescheiben, frischer Butter und Salz versorgen. Den grünen Salat mit Parmesan und Pinienkernen (Seite 48) servieren.

Das soeben erstandene Filet in Scheiben schneiden und mit sahniger Pilzsauce (Seite 134), grünen Knoblauchbohnen (Seite 110) und Röstkartoffeln (kommen noch) servieren. Einen besonderen Rotwein eingießen.

Zum Schluss bringen wir Schüsselchen mit Vanilleeis und einen großen Krug mit heißer Schokoladensauce auf den Tisch (letztes Kapitel).

Es ist nicht mehr weit bis dahin, also weiterlesen!

KAPITEL 12

Feuer

Da du nun verstanden hast, wie Hitze und Fleisch funktionieren, kommen wir zur ursprünglichsten Form des Kochens …

Fette Holzstapel und Blockhütten

Im Freien über Feuer zu kochen ist total angesagt. Aber nur weil man eine Grillzange in der Hand hat, muss man sein Fleisch noch lang nicht wie ein Höhlenmensch in Asche verwandeln. Grillen ist nicht unbedingt der einfachere Weg. Üblicherweise heißt das: Billiges Fleisch kaufen, dann mit Marinaden und Grillgewürzen übergießen. Das Ganze viel zu lang grillen und sich keine Sorgen um die Gäste machen – die haben in der Küche schon die belegten Brötchen entdeckt und hoffen so, um die verbrannte Ware vom Grill herumzukommen.

Schade drum. Schließlich haben wir am Anfang des Buchs schon erklärt, dass die Maillard-Reaktion hervorragend Geschmack erzeugt – und es gibt kaum einen besseren Weg dorthin als über offenem Feuer zu grillen.

Wichtig zu wissen

Keine kurzfristigen Bestellungen

Ja, die Vorstellung, seine Gäste damit zu beeindrucken, dass man Bratwürste, Lammspieße und flach ausgebreitetes Hähnchen gleichzeitig grillen kann, ist verlockend. Tu es nicht. Als die Grillpartys, zu denen jeder sein eigenes Fleisch mitbringt, in Mode kamen, wurde das ein Trend, aber man muss diesen Horror nicht fortführen – es sei denn, man hat vier verschiedene Feuer gleichzeitig brennen. Grill immer nur eine Sache über dem Feuer, das dafür die richtige Temperatur hat.

Marinade vermeiden

Unsere Grillrezepte sind relativ einfach gehalten. Warum? Weil wir an den Wert eines guten Stückes Fleisch glauben und seine richtige Zubereitung. Es braucht nur eine kleine Massage mit Öl, etwas Salz und Pfeffer sowie ordentlich Hitze. Kein Bepinseln, keine Sauce, nur 100 Prozent Fleischgeschmack. Marinaden aus der Flasche enthalten meist viel Zucker und brennen deshalb gern an.

Groß oder gar nicht

Nichts ist frustrierender als ein Feuer, das zu schnell ausgeht oder nicht heiß genug ist. Wenn du zu viel Kohle hast, kannst du sie immer noch an die Seite des Grills schieben.

Denk dran: Ein Ei kann man nicht mehr ungebraten machen. Man kann ein zu roh geratenes Stück Fleisch wieder zurück auf den Grill legen, aber ein tot und trocken gegrilltes Steak lässt sich nicht wieder zum Leben erwecken. Also lieber auf der rohen Seite irren. – B

Vorsicht: Schweißgefahr

Mach dich bereit. Zieh Grillhandschuhe an. Fuhrwerke nicht zu viel mit dem Fleisch auf dem Grill herum (wenn man es zu oft wendet, kann es nicht durchgaren), aber du solltest auch wissen, dass Grillen ein wenig Gefühlssache ist – und es manchmal schnell gehen muss: Koteletts aus den Flammen holen, die Steaks auf dem Rost balancieren ... Das Einzige, was schlimmer ist als das Gefummele mit dem Grill, ist, das Fleisch in Flip-Flops zu verwandeln.

Feuer machen

Feuer ist ein essenzieller Bestandteil der menschlichen Evolution. Es ist der Grund, warum nicht die Raubkatzen über uns herrschen. Doch nichts kann eine Party so ruinieren wie ein schlechtes Feuer.

Das passiert aber nur, wenn:
(a) der Feuermacher nichts vom Feuer versteht oder
(b) das Holz feucht ist.

Verbrennung benötigt Sauerstoff, dann steigt Hitze nach oben. In welcher Form auch immer du das Holz stapelst, es muss Platz zwischen den Scheiten sein, damit das Feuer atmen kann. Ein senkrechter Stapel ist ein guter Anfang.

Feuchtes Holz ist meist frisch geschlagen. Überraschenderweise erkennt man es oft erst, wenn man versucht, es anzuzünden. Dazu braucht es viel Aufmunterung – Anzünder, Benzin, Papier ... Wenn du die Scheite aber in der traditionellen Tipi-Form geschichtet hast, ist es fast unmöglich, Benzin zu verwenden. Die Lösung all dieser Probleme ist ... (Trommelwirbel) ... die Blockhütte.

Die Blockhütte

Die Leute fragen oft: Wie weiß man denn, wann das Feuer bereit ist? Man sagt: »Es darf keine Flamme mehr auf der Kohle sein.« – Das ist gar kein schlechter Rat, denn – außer man grillt Steak – sonst ist das Feuer zu heiß, um es zu kontrollieren, und wenn Fett vom Fleisch in die offene Flamme tropft, schnellt die wie verrückt nach oben. Unsere altbewährte Mississippi-Zählmethode funktioniert auf jeden Fall: Die Hand auf Höhe des Rosts über die Holzkohle halten und mit One-Mississippi beginnen. Noch bevor du bei Three-Mississippi angekommen bist, wirst du wissen, ob es heiß genug ist, dort Fleisch zu braten! – B

1. 2 größere Scheite parallel zueinander legen, sodass sie von dir weg zeigen und eine Lücke zwischen ihnen bleibt.
2. Ein paar zerteilte Holzscheite nehmen, die aussehen, als ob sie sofort Feuer fangen möchten, und mit der gehackten Seite nach unten quer über die Grundscheite legen. Wenn du 3 nebeneinander kriegst, wäre das perfekt, aber lass unbedingt Platz zwischen ihnen.
3. Auf diese Art 4 bis 5 Etagen schichten.
4. Dabei Splitter und Stücke von der Rinde abbrechen und unten zwischen die Grundscheite legen, das wird helfen, das Feuer zu entfachen.
5. Nun deinen bevorzugten Grillanzünder anmachen und unten in die Lücke schieben.
6. Der Vorteil bei dieser Art des Holzstapelns ist, dass man, auch falls das Holz feucht ist oder es einfach nicht auf Anhieb klappen will, immer wieder Anzündhilfen oder Zeitungspapier unten in die Lücke zwischen den Scheiten schieben kann, bis das Feuer entfacht ist.
7. Wenn du angenehm knackende Geräusche hörst, ist das Feuer in Gang gekommen. An diesem Punkt werden deine Freunde zustimmend nicken und Dinge sagen wie »tolles Feuer, Mann«.
8. Binnen 1 Stunde sollte es losgehen können.

Für mich ist das die einzig wahre Art und Weise, Lammkoteletts zuzubereiten. Wenn du sie in der Pfanne braten willst, sollte der Metzger das sichtbare Fett entfernen, bis nur das saftige Fleisch am Knochen übrig bleibt. So benötigen sie etwa 1 Minute pro Seite, und es bleibt kein wabbeliges Fett übrig. – N

Lammkoteletts im fetten Stapel

Das perfekt gegrillte Lammkotelett sollte innen rosa gegart sein und am Rand einen knusprig gebratenen Fettstreifen haben. Es ist fast unmöglich, das hinzubekommen, wenn man die Koteletts normal auf einen Rost legt – entweder läuft das Fett aus und das Fleisch ist zu durch, oder das Fleisch ist rosa und das Fett noch zu roh. Wir haben eine ausgeklügelte Technik, die wir den fetten Stapel nennen.

- Stell dir vor, du würdest das ursprüngliche Lammkarree, aus dem die Koteletts geschnitten wurden, wieder zusammensetzen und mit Spießen zusammenhalten.
- Ein Lammkotelett aufrecht auf ein Brett setzen: Mit der Fettseite nach unten und der fleischigen Seite zum Körper hin, die lange Seite zeigt vom Körper weg.
- Jetzt die anderen Koteletts danebensetzen, sodass sie wie Bücher aufgereiht sind.
- Einen Spieß durch den fleischigen Teil stechen und einen weiteren durch das dünne Ende. So wird der Stapel zusammengehalten und eine größere Fettschicht gebildet, die mit dem Grillrost in Kontakt kommt.

8 Lammkoteletts (Lendenkoteletts sind kaum zu schlagen)
Pflanzenöl
1 Handvoll Rosmarinnadeln
Meersalzflocken und frisch gemahlener schwarzer Pfeffer
4 Spieße aus Holz oder Metall

1. Die Koteletts mit ein wenig Öl und Rosmarin einreiben und ruhen lassen, damit sie Zimmertemperatur annehmen.
2. Kurz vor dem Grillen großzügig mit Salz und Pfeffer würzen und den fetten Stapel bauen.
3. Den Grillrost relativ hoch über die Holzkohle setzen und den Stapel Lammkoteletts mit der Fettseite nach unten auf den Rost legen. Nach 1 bis 2 Minuten beginnt das Fett auszulaufen und knusprig zu werden.
4. Nach etwa 4 Minuten, bevor das Fett beginnt anzubrennen, den Grillrost weiter unten über die Holzkohle setzen. Die Spieße mit dramatischer Geste entfernen und auf den Applaus der Gäste warten.
5. Die Koteletts auf eine Seite legen und dann auf die andere – etwa 3 bis 4 Minuten pro Seite, wenn das Feuer heiß genug ist. Das Ergebnis sollten perfekte, rosa gebratene und am Rand schön krosse Lammkoteletts sein.

Macht 4 Personen satt

Schmetterlings-Lammkeule

Eine große, ausgelöste Lammkeule (gegenüber und auf Seite 149 abgebildet) ist das ultimative Festmahl: Sie hat dickere und dünnere Stellen, die einen unterschiedlichen Gargrad erreichen, und stellt so alle Geschmäcker zufrieden.

1,2 kg ausgelöste, flach ausgelegte Lammkeule (Schmetterlingsschnitt)
1 EL Öl
Meersalzflocken und frisch gemahlener schwarzer Pfeffer
4 Knoblauchzehen, der Länge nach in Stifte geschnitten (optional)
1 großes Bund Rosmarin (optional)

1. Die Lammkeule vor dem Grillen Zimmertemperatur annehmen lassen.
2. Man sollte ein schönes Stück Lammfleisch nicht verderben. Ein bisschen mit Öl sowie mit Salz und Pfeffer einreiben. Wenn es ganz aufwendig sein soll, kleine Taschen in das Fleisch stechen und Knoblauchstifte und Rosmarinzweige hineinstopfen (siehe Foto auf Seite 151).
3. Ein großes Feuer schüren. Sobald es die richtige Temperatur hat und die Holzkohle glüht, die im Schmetterlingsschnitt vorbereitete Lammkeule mit der fetten Seite nach oben etwa 5 Minuten auf dem Grillrost ausbreiten.
4. Dann umdrehen, sodass die fette Seite nach unten zeigt. Lammfett ist unberechenbar – wenn es ausläuft, bilden sich hohe Flammen. Das ist in Ordnung, solange die Flammen das Fleisch nicht direkt berühren. Falls doch, den Grillrost höher legen. Es ist nicht schlimm, wenn das Fett in diesem Stadium knusprig und ein wenig dunkel wird: Das Feuer verliert nach und nach Hitze.
5. Nach 5 Minuten das Lamm wieder wenden und den Grillrost, falls nötig, erneut tiefer legen, damit das Fleisch an der Oberfläche brutzelt.
6. Etwa weitere 20 Minuten grillen und alle 5 Minuten wenden.
7. Wenn das Lamm fertig gegrillt ist, das Fleisch mindestens 15 Minuten ruhen lassen, damit der Saft sich setzen kann. Die dickeren Stücke sollten medium und rosa, die dünneren Bereiche durchgegarter sein.

Den Grillrost zu Beginn relativ hoch setzen, dann musst du nicht besorgt sein, dass etwas anbrennt. So kannst du auch einschätzen, wie heiß das Feuer ist. Wenn die fettigen (nach unten gerichteten) Teile zu brutzeln beginnen, ist die Temperatur richtig. – B

Die Garzeit für 1,2 kg sollte etwa 30 Minuten betragen. – B

Macht 4 Personen satt

Der Grillrost

Für Wurstschnecken, Spieße und Grillbrot, aber auch wenn man für viele Leute grillt oder mit unhandlichen Stücken wie ausgelöster und flach ausgelegter Lammkeule hantiert, macht ein robuster doppelter Grillrost mit Haltegriffen, den man zum Wenden öffnen und schließen kann, das Leben bedeutend einfacher. Dünne, billige Modelle aus unbehandeltem Metall rosten leicht und halten nicht lang. Besser, du investierst in ein gutes Modell aus Edelstahl.

Bei der Pflege und der Vorbereitung gehen die Meinungen auseinander. Wir brennen verbleibendes Fett ab, indem wir den Grillrost über dem Feuer lassen, während es abkühlt. Dann bewahren wir ihn an einem trockenen Ort auf. Wenn wir ihn wieder hervorholen, brennen wir ihn noch einmal in den Flammen ab und reiben ihn dann entweder mit einer halben Zwiebel oder Zitrone ab. Beides funktioniert gut, aber die Zitrone fühlt sich irgendwie besser an.

Die Grillzange

Wähl deine Grillzange mit Bedacht. Sie sollte Griffe aus Holz haben, damit man seine Finger nicht gleich mitgrillt, und einen robusten Zangenkopf mit gerillten Rändern, der gut greift. Vermeide die Dinger aus gebogenem Metall, die aussehen wie der Umriss einer Zange – sie sind heikel, und deine Bratwurst rutscht durch die Löcher.

Rib-Eye-Steak

Es sind die Fettadern im Rib-Eye-Steak, die es zum idealen Grillkandidaten machen. Den Grillrost so einstellen, dass die Hitze optimal ist, dann wirst du mit einem Steak belohnt, das außen eine knusprige Schicht hat und bei dem Fett und saftiges Fleisch nahtlos ineinander übergehen.

250 g Rib-Eye-Steak (2,5–3 cm dick) pro Person
Pflanzenöl
Meersalzflocken und frisch gemahlener schwarzer Pfeffer

1. Das Steak vor dem Grillen auf Zimmertemperatur bringen.
2. Mit ein wenig Öl beträufeln, damit die Gewürze kleben bleiben – Rib-Eye ist immer gut marmoriert und braucht nicht mehr – und großzügig mit Salz und Pfeffer würzen.
3. Den Bratrost niedrig über der Holzkohle positionieren (etwa 5 cm darüber), das Steak auf den Grill legen und etwa 4 Minuten von jeder Seite grillen, wenn es rosa gebraten sein soll.
4. Wenn es am äußeren Rand einen Fettstreifen hat, wäre es gut, das Steak mit der Zange zu packen und mit dem Streifen nach unten auf den Grillrost zu stellen, und so das Fett 1 oder 2 Minuten kross zu braten.
5. Die Steaks vor dem Servieren mindestens 5 Minuten ruhen lassen.

Südafrikanisches Grillbrot *(braaibroodjies)*

Wir müssen dir nicht erklären, wie man ein Tomaten-Käse-Sandwich macht und dass dünn geschnittene Zwiebeln unbedingt hineingehören, aber sehr wohl, dass es ein Fehler ist, sie zu Beginn eines Barbecues zu grillen, denn das Feuer ist dann immer zu heiß. Du könntest sie auf den Grill legen, während das Fleisch ruht. Nimm Weißbrot und bestreiche es bis an den Rand mit Butter, lege es in einen doppelten Grillrost, damit es leicht gewendet werden kann, und nutz das erlöschende Feuer, um das Brot optimal zu rösten.

KAPITEL 13

Der Weber-Grill

Das führt uns zum Weber – ein
Grill, und auch wieder nicht …

Er ist ein Ofen

Erinnerst du dich an das merkwürdige schwarze Ding mit der Kuppel, das Papa gekauft hatte, nur weil es auch die Nachbarn hatten? Genau, das ist ein Weber. Die Ärmsten, da hatten sie ihr halbes Leben lang die Lammkoteletts auf einem offenen Ölfass gegrillt und jetzt wussten sie nicht, was sie mit diesem neuen Kesselgrill anstellen sollten. Eigentlich wusste das niemand so genau, also deckten ihn alle sorgsam mit grüner Plastikplane ab und überließen ihn in einer Terrassenecke den Spinnen.

Ein Weber-Grill bringt die beste Leistung, wenn man ihn wie einen Ofen fürs Freie verwendet. Wir haben ein klassisches Brathähnchen als Rezept gewählt. Wenn du das einmal ausprobiert hast, machst du es nie wieder im Haus. Weber-Grills eignen sich hervorragend für kleine Rostbraten. Er gibt zunächst eine intensive Hitze ab, die die Außenseite wunderbar bräunt und durch das Herunterbrennen der Holzkohle langsam weniger wird. Deshalb solltest du damit nichts grillen, das lange und langsame Hitze braucht: zum Beispiel Schweineschulter oder Lammkeule am Knochen.

Die Typen von Weber haben auch jedes erdenkliche Grillzubehör entworfen, mit dem man fast alles grillen kann – und sogar etwas zum Wiederauffüllen der Kohle während des Grillens. Wir halten die Dinge einfach, damit du auch mit der Grundausstattung selbstbewusst »kesselkochen« kannst. – B

Natürlich kann man einen Weber wie einen konventionellen Grill verwenden, aber dann solltest du dich auf einen frustrierenden Nachmittag gefasst machen. Die Höhe des Grillrosts lässt sich nicht verändern, und er muss vollständig abgenommen werden, um die Holzkohle zu schüren. Ja, genau – das Fleisch muss dann auch vom Grill. Quasi Grillen mit verbundenen Händen.

Wichtig zu wissen

Eine Karre voll Kohle

Weber-Grills fressen lieber Kohlebriketts als Holz. Durch die runde Form des Grills fühlt sich ein Feuer im Weber heißer an, als es ist, außerdem verliert er die Hitze verdammt schnell wieder. Egal, ob der Deckel offen oder geschlossen ist, sei nicht zu sparsam mit der Kohle.

Ein alter Freund namens Darty stellte folgende Gleichung auf: weniger Zeit beim Feuermachen = mehr Zeit zum Biertrinken. Also hat er eine Schachtel Feueranzünder auf den Kohlerost gestellt und dann eine ganze ungeöffnete Packung Briketts daraufgeschüttet. Das ist nicht zu empfehlen, aber: Ja, es funktioniert. – B

Bau eine Pyramide

Wenn man Eierbriketts aufhäuft, ergeben sich automatisch Lücken, die Luft hineinlassen, sodass die meisten Anhäufungsformen funktionieren. Will man aber eine gleichmäßige Glut, sollte man zwei Feueranzünder in den Kohlerost legen und dann die Kohle darum schütten. Anzünden und mit der Grillzange eine große Pyramide aus Kohle über dem brennenden Anzünder anhäufen.

Im Idealfall hat man eine gleichmäßige Schicht herrlich glühender Kohle auf dem unteren Kohlerost. – B

Die Bodenbelüftung öffnen

Weber-Grills arbeiten mit Luftzug (mehr Luft = heißeres Feuer), deshalb gibt es Belüftungsöffnungen unten und auf dem Deckel, um die Hitze zu kontrollieren. Je weiter die Lüftungen geöffnet sind, umso heißer brennt die Kohle. Für ein normales Feuer sollte die Bodenbelüftung geöffnet sein, damit von unten Luft hochsteigt.

Der Weber-Grill als Ofen

Über offenem Feuer oder »direktes« Grillen

So geht's

Brandon ist kein Fan – merkt man das? – N

Wenn ich nur Koteletts oder Steaks für uns beide mache, benutze ich den Weber manchmal, aber ansonsten packe ich meinen richtigen Grill aus. – B

Wie oben beschrieben vorgehen und dann so gut grillen, wie du kannst. Warum du das auf einem Weber-Grill vermeiden solltest? Sein Rand verhindert, dass man einen Grillrost mit Griff verwenden kann. Also muss man direkt auf dem Grillrost des Webers grillen und dann wie verrückt gegen die unbeständige Hitze kämpfen.

Wie im Ofen oder »indirektes« Grillen

So geht's

Die Kohle aufteilen

50 Briketts benötigen etwa 30 Minuten, um herunterzubrennen – wenn die Glut von einer hellgrauen Schicht überzogen ist (und man kein Schwarz mehr sieht), dann ist das Feuer bereit. – B

Für einen Weber mit 57 cm Durchmesser braucht man 50 bis 60 Briketts. Die Brikettpyramide abbrennen. Wenn die Glut bereit ist, wie Moses vorgehen: Die Glut in der Mitte teilen und an beide Seiten des Kohlenrosts schieben. So, dass keine Kohle unter dem Braten ist, wenn du ihn auf den Grillrost legst – deshalb indirektes Grillen. (Es kann sein, dass dein Weber-Grill sogar Brikethalter für diesen Zweck hat – wenn ja, anbringen, 1 oder 2 Feueranzünder hineinlegen, mit Kohle auffüllen und anzünden.)

Eine Abtropfschale benutzen

Wenn der Saft tropft, wird es klebrig, deshalb besser eine Abtropfschale aus Alufolie in die Lücke zwischen den Kohlen legen (das heißt direkt unter deinen Braten). Solche Schalen gibt es in den meisten Supermärkten. Der Bonus: Wenn ausreichend Flüssigkeit abtropft, kann man sie nach dem Grillen ablöschen (hier abgebildet) und dann zur Bratensauce geben (siehe Seite 172).

Alle Lüftungen öffnen

Die untere und obere Lüftung voll geöffnet, damit die Luft nach oben steigen und zirkulieren kann. So entsteht intensive Hitze.

Grill Stücke, die etwa 1 Stunde brauchen

Das 1,5-kg-Ding gelingt immer: Sobald du den Vogel hinbekommen und gesehen hast, wie einfach es ist, wirst du mit Lammkarree, gerolltem Schweinebauch und anderen Sachen experimentieren wollen. – B

Ein Weber hält seine Hitze etwa 60 bis 90 Minuten. Danach muss man den Deckel, den Braten und den Grillrost abnehmen und neue Kohle aufschütten. Was für ein Akt. Deshalb solltest du besser mit Fleischstücken anfangen, die etwa 1 Stunde benötigen. Das perfekte Opfer sollte Pi mal Daumen ungefähr 1,5 kg schwer sein.

Nicht gucken

Die Haube sollte nicht mehr angehoben werden, nachdem man mit dem Grillen begonnen hat. Sonst geht sofort die ganze Hitze verloren und das Fleisch bestraft solchen Unsinn ebenfalls.

Das perfekte Brathähnchen

Binden

Wenn man ein Hähnchen dressiert (oder bindet), werden die Gliedmaßen enger zusammengezogen, sodass ein kleines, kompaktes Bündel entsteht, das gleichmäßig gart. Das ist nicht so knifflig, wie es sich anhört. Versprochen. Und so geht's:

- Das Hähnchen mit der Brustseite nach oben und den Knöcheln zum eigenen Körper hin auf ein Brett setzen.
- Etwa 100 cm Kochgarn zur Hand nehmen und den Mittelpunkt unter das Pfaffenstück legen (das Stückchen, das auf dem Brett zwischen den Beinen liegt).
- Das zur Linken liegende Stück Band um das linke Bein schlingen und das zur Rechten liegende Stück über und um das rechte Bein.
- Die beiden Garnenden vor der Brust überkreuzen und festziehen – einen Knoten machen, damit es in Position bleibt.
- Die Garnenden an den Seiten der Brust entlang und um die Flügel ziehen, das Hähnchen umdrehen und einen engen Knoten schnüren.

Wichtig zu wissen

So wird die Haut knusprig

Trockene Haut = knusprige Haut. Du solltest noch nicht einmal daran denken, Butter unter die Haut zu reiben oder sie mit Olivenöl zu beträufeln. Richtig gehört: Die Finger vom extra vergine lassen! Das Hähnchen gründlich unter fließendem kaltem Wasser abwaschen und mit Küchenpapier trocken tupfen – von innen und außen. Wenn du denkst, dass es trocken ist, tupfe noch etwas mehr. Das Hähnchen Zimmertemperatur annehmen lassen (das könnte ein bis 2 Stunden dauern) und noch einmal trocken tupfen. Zunächst NICHT mit Salz und Pfeffer würzen, erst kurz bevor es das Inferno unter der Kuppel betritt – Salz entzieht Feuchtigkeit, sodass es erneut trocken getupft werden müsste.

So bleibt die Haut knusprig

Es klingt seltsam, und du wirst dich dabei wie Hannibal Lecter fühlen, aber das gebratene Hähnchen muss gehäutet werden. Sobald es aus dem Weber oder dem Ofen kommt, musst du die gesamte Haut abziehen oder abschneiden – auch von den Beinen. Sie ist wie Gold. Leg sie auf einen mit Küchenpapier ausgelegten Teller. Warum? Darum: Wenn die Haut am ruhenden Hähnchen verbleibt, produziert das heiße Fleisch Dampf, der unter der Haut eingeschlossen bleibt. Nach kurzer Zeit wird all die Knusprigkeit, die du so sorgsam erarbeitet hast, hinüber sein. Der Anblick des ruhenden Vogels wird nur so lange traurig aussehen, bis er zugeschnitten und serviert wurde und du die immer noch knusprigen Hautteile schön über das Fleisch drapieren kannst.

Braten in einem normalen Backofen

Nicht ganz wie im Weber-Grill, aber auch nicht wie andere Brathähnchen. Die Haut wird wie braunes Pergament sein und das Brustfleisch saftig.

Den Backofen auf 250 °C vorheizen und den Bratrost in das untere Drittel des Ofens schieben.

Das Hähnchen so vorbereiten wie für den Weber-Grill, aber in eine Bratform legen.

In den Ofen schieben, den Temperaturregler auf 200 °C stellen und die Backofentür NICHT mehr öffnen, bis die Zeit um ist. 55 Minuten braten (1,2 kg). Um zu prüfen, ob das Fleisch durch ist, zwischen Bein und Körper einschneiden – wenn klarer Saft austritt, ist das Fleisch gar.

Eine Bratform verwenden, die zur Größe des Hähnchens passt – wenn die Form zu groß ist, verbrennen die Bratensäfte, die beim Garen austreten, und die Grundlage für die Bratensauce ist dahin. – B

Kartoffeln extra zubereiten

Diese Zubereitung des Brathähnchens verfolgt einen einzigen Zweck: knusprige Haut und saftiges Fleisch. Wenn man Kartoffeln in die Bratform legt und noch ein weiterer Prozess zu beachten ist, lenkt das nur vom Hähnchen ab. Wir bereiten die Kartoffeln separat zu.

Ein weiterer Vorteil eines im Weber zubereiteten Hähnchens ist, dass man in der Küche gleichzeitig richtige Röstkartoffeln im Backofen machen kann. Denn die meisten von uns haben zu Hause keine zwei Backöfen. – N

Nicht-Gucken-Hähnchen

Im Sommer macht es Sinn, draußen zu grillen (keine heiße Küche). Aber wenn du keinen Weber-Grill hast, kannst du es auch im Backofen machen.

1 Hähnchen (1,2–1,5 kg)
2 Stiele Thymian oder 1 Zweig Rosmarin (optional)
1 kleine Zwiebel, geschält und halbiert
Meersalzflocken und frisch gemahlener schwarzer Pfeffer

Ich weiß nicht mehr, wie viele verschiedene »beste« Rezepte ich ausprobiert habe, aber dies ist zweifellos das einfachste und saftigste Brathähnchen von allen. – B

1. Das Hähnchen sorgfältig waschen und trocken tupfen, wie auf Seite 168 beschrieben.
2. Zwiebel und Kräuter in die Bauchhöhle stopfen und das Hähnchen dressieren (siehe Seite 166). Mit Küchenpapier abdecken und ruhen lassen, bis es Zimmertemperatur erreicht hat.
3. Den Weber-Grill für die indirekte Garmethode vorbereiten (siehe Seite 164) und die Kohlen herunterbrennen lassen, bis sie mit hellgrauer Asche bedeckt sind.
4. Das Hähnchen mit Salz und etwas Pfeffer würzen, kurz bevor es in den Grill kommt.
5. Auf den Grillrost setzen und eine Abtropfschale darunterstellen. Die Abdeckhaube des Weber-Grills schließen und sicherstellen, dass die Lüftungsschlitze unten und oben geöffnet sind, damit die Luft nach oben steigen und zirkulieren kann. Genau 1 Stunde garen lassen – und wie gesagt, zwischendurch öffnen ist nicht erlaubt!
6. Das Hähnchen herausnehmen, auf ein Brett legen und die knusprige Haut sofort entfernen und vorsichtig auf einen mit Küchenpapier ausgelegten Teller legen.
7. Den abgetropften Bratensaft für die Bratensauce herausnehmen (falls du eine machst).
8. Das Hähnchen 30 Minuten ruhen lassen. Dadurch hast du bequem Zeit, eine Bratensauce zuzubereiten und die Beilagen aufzuwärmen.
9. Das Fleisch zerlegen (für die Anleitung umblättern) und servieren. Das Hähnchen wird saftig und voller Geschmack sein und die Haut so köstlich, dass damit eine Ehe gerettet (oder beendet) werden kann.

Macht 4 Personen satt

Dazu schmecken:

- Buttermöhren (Seite 107) + Erbsen + Kartoffelpüree (Seite 182) + Bratensauce (Seite 172)
- Röstkartoffeln (Seite 186) + Rucolasalat mit Senfvinaigrette (Seite 40)

Zerlegen

Das Hähnchen auf ein Brett legen, sodass seine Brust nach oben und die Knöchel zu dir zeigen.

Beine und Schenkel auslösen

Durch die Haut zwischen Brust und Bein schneiden. Das Bein vom Körper wegziehen und nach unten gegen den Körper schneiden, um das Gelenk am Schenkel zu finden. Den Hähnchenschenkel in die Hand nehmen, nach hinten biegen und das Gelenk auskugeln – das sollte sehr leicht gehen. Dann Schenkel und Bein vom Körper weg schneiden. Schenkel und Bein mit der Hautseite nach unten auf das Brett legen. Das Gelenk zwischen Bein und Schenkel finden und fest nach unten schneiden – auch das sollte relativ leicht gehen. Mit dem zweiten Hähnchenschenkel wiederholen.

Die beiden Bruststücke auslösen

Am Brustknochen entlangschneiden, dabei am Halsende beginnen und seiner Linie folgen. Um den Rest der Brust auszulösen, nach unten entlang der Biegung der Rippen und so nah am Brustkorb entlangschneiden wie möglich. Die beiden Bruststücke auf das Brett legen und quer in Stücke schneiden.

Die Flügel entfernen

Genau wie bei den Schenkeln auch die Flügel am Schultergelenk abschneiden – auskugeln und dann abschneiden.

Den Rest auslösen

Die Hähnchenkarkasse umdrehen, um die Pfaffenschnittchen auszulösen (falls du diese nicht schon als Belohnung für den Koch verspeist hast!) – das sind die dunkleren, zarten Fleischstückchen an der Mitte der Unterseite. Das verbleibende Fleisch von der Karkasse lösen und diese dann sofort in einen Suppentopf legen oder in einen Gefrierbeutel geben und einfrieren, falls du erst später Brühe daraus kochen willst.

Nun, da das Hähnchen zerlegt ist: Was passiert mit dem Saft in der Abtropfschale? Ablöschen. Das hast du schon einmal gemacht (für die Hähnchenbrust und die Bolognese), aber wir zeigen es dir auf der nächsten Seite noch einmal.

Ablöschen

Ein paar Eiswürfel mit in die Schüssel geben und in den Gefrierschrank stellen, damit das Fett hart wird und man es in einer Schicht abnehmen kann. Das ist so viel einfacher, als heißes, öliges Hähnchenfett mit einem Löffel abzunehmen! – N

Beim Ablöschen wird das, was sich in der Pfanne, Bratform oder Kasserolle – in diesem Fall in der Abtropfschale – abgesetzt hat, gelöst. In diesen gebräunten, krustigen Stückchen sitzt ganz viel Geschmack, deshalb sollte man auch den letzten Krümel davon herausholen, damit er in die Bratensauce gelangt.

Zuerst einmal die Bratensäfte retten. Den flüssigen Inhalt aus der Bratform oder Abtropfschale in eine kleine Schüssel gießen und warten, bis sich der Saft am Boden absetzt – das ist der Teil, den wir haben wollen. Das Fett abgießen.

Die Abtropfschale auf hoher Stufe auf eine Herdplatte stellen. 80 ml Wein zugießen, den Thymian und die Zwiebel aus der Bauchhöhle des Hähnchens hineinlegen und zum Kochen bringen. Wenn die Flüssigkeit kocht, löst sie die guten Sachen vom Boden. Man kann nachhelfen, indem man mit einem flachen Pfannenwender aus Holz über den Boden schabt – siehe Bild auf Seite 165. Beim Kochen verdunstet auch der Alkohol.

Diese Flüssigkeit in einen Messbecher geben, den Bratensaft zugießen und mit Hühnerbrühe auffüllen, bis es 240 ml ergibt. Warm halten.

Bratensauce

Oft bereite ich die Bratensauce vor, und wenn Brandon dann das Hähnchen zerlegt hat, gießen wir den Saft vom Schneidebrett in die Bratensauce und kochen diese ein paar Sekunden auf – das verleiht ihr zusammen mit dem Saft vom Braten und vom Ablöschen noch mehr Tiefe und Charakter. – N

Das Prinzip ist ähnlich wie bei der Béchamelsauce, aber das perfekte Verhältnis von Butter, Mehl und Flüssigkeit sieht hier anders aus.

1 EL Butter
1 EL Mehl
240 ml Bratensaft, Saft vom Ablöschen und Brühe (wie oben beschrieben)
Meersalz und frisch gemahlener schwarzer Pfeffer

1. Die Butter in einem kleinen Topf auf mittlerer Stufe erhitzen, bis sie schäumt. Das Mehl einrühren und anschwitzen, bis es nach gebackenen Keksen riecht (weißt du noch, wie bei der Béchamelsauce?).
2. Nach und nach die heiße Flüssigkeit zugeben und kontinuierlich mit dem Schneebesen unterrühren.
3. 1 Minute kochen oder bis die Flüssigkeit angedickt ist und wie Bratensauce aussieht! Falls nötig, mit Salz und Pfeffer würzen, durch ein feinmaschiges Sieb passieren und servieren.

1 TABLESPOON 15.0ml
1 TABLESPOON 15.0ml
250 ml 1 Cup

Hühnerbrühe

Hühnerbrühe holt alles aus dem Gericht heraus. Du kannst sie direkt nach dem Abendessen aufsetzen, während du den Abwasch erledigst. Wenn es Zeit ist, zu Bett zu gehen, ist die hausgemachte Hühnerbrühe für die nächste Bratensauce bereits fertig!

Nikki sammelt Hähnchenkarkassen im Gefrierschrank; ich schaue deshalb immer dort nach, ob eine übrig ist. Dann gebe ich zwei Paar Knochen in den Suppentopf, um den Spaß zu verdoppeln. – B

1 Hähnchenkarkasse
1 Zwiebel, ungeschält und halbiert
1 Möhre, geschält und halbiert
1 Selleriestange, Wurzelende und Blätter entfernt, halbiert
1–2 Lorbeerblätter
6 Pfefferkörner
1 Handvoll Petersilienstängel (falls vorhanden)

1. Die Hähnchenkarkasse und alle anderen Zutaten in einen großen Topf geben. Den Topf mit kaltem Wasser füllen, bis die Karkasse bedeckt ist.
2. Auf eine Platte bei mittlerer Hitze setzen und ganz langsam bis unter den Siedepunkt erwärmen. Während die Brühe erhitzt, wirst du sehen, wie sich heller Schaum auf der Oberfläche sammelt. Diesen mit einem Löffel abschöpfen, auch das Fett, das sich vielleicht oben absetzt. Nicht umrühren!
3. Wenn die Brühe kurz vor dem Siedepunkt ist, die Hitzezufuhr reduzieren und etwa 1½ Stunden kochen lassen (oder länger, falls gewünscht). Die Flüssigkeit sollte sich ganz leicht bewegen) und ab und zu sollte eine Blase und Dampf von der Oberfläche aufsteigen.
4. Abkühlen lassen, durch ein Sieb passieren und in den Kühlschrank stellen. Falls die Brühe nicht binnen 24 Stunden verbraucht wird, in Gefrierbeutel abfüllen und einfrieren.

Fett abnehmen

Die Brühe in den Kühlschrank stellen, bis das Fett hart geworden ist und man es von der Oberfläche abnehmen kann. Wenn keine Zeit da ist, um die Brühe erkalten zu lassen, ein Stück Frischhaltefolie auf die Oberfläche legen – das Fett wird daran anhaften. Die Frischhaltefolie schwungvoll abnehmen und das Fett dabei sammeln. Die Folie entsorgen. So weitermachen, bis die Brühe klar ist.

Wegen des vielen Plastikabfalls ist das nicht meine liebste Methode, aber sie funktioniert gut. – N

Wichtig zu wissen

Brühe niemals aufkochen

Das ist das Geheimnis klarer Brühe: gekochte Brühe = trübe Brühe. Wenn die Brühe kurz vor dem Aufkochen ist, die Hitzezufuhr reduzieren, damit die Brühe mit kaum wahrnehmbarem Murmeln vor sich hin köchelt.

das hier abschöpfen

KAPITEL 14

Kartoffeln

Fleisch und … richtig geraten!

Jede erdenkliche Art

Die Kartoffel ist der ultimative Alleskönner. Sie wird zu was immer wir wollen. Trost in Form von gesalzenen Pommes frites, die in Tomatensauce getunkt werden. Der Grund, warum sich zu Weihnachten alle am Tisch herumdrücken und die letzte Röstkartoffel erwischen wollen. Eine dekadente Beilage, erfunden vom französischen Chefkoch Joël Robuchon, der sein Kartoffelpüree mit gleichen Anteilen von Butter und Kartoffeln aufschlägt. Die Kartoffel nährt die Seele in allen Lebenslagen. Ob ihr das gelingt, hängt zum großen Teil von zwei Konsistenzen ab: fluffig und knusprig. Und wir sagen dir, wie du diese auf den Punkt triffst.

Welche Sorte Kartoffeln?

Die meisten Sorten, die man in Supermärkten findet, sind »Allzweck«- oder mehlige Kartoffeln. Man muss etwas länger suchen, um wirklich festkochende Kartoffeln zu finden. – B

Kartoffeln kochen beginnt mit der Wahl der richtigen Sorte für den jeweiligen Job. Glücklicherweise benötigen alle Zubereitungsarten, die wir hier vorstellen – Püree, gebackene Kartoffeln und Röstkartoffeln – eher mehlige Kartoffeln, mehr musst du also für den Moment nicht behalten. Die Alternative sind festkochende Sorten, die am besten für Kartoffelsalat verwendet werden, weil sie dicht und fest sind und ihre Form gut behalten, wenn man sie kocht.

Salzige Ofenkartoffeln

Wichtig zu wissen

Ein Bett machen

Es ist nicht wirklich schwierig, eine Kartoffel im Ofen zu backen, aber auf einem Bett aus grobem Salz gelingt sie ein bisschen besser. Wenn man die Kartoffeln in einen schneeähnlichen Haufen drückt, wird für eine knusprige Schale gesorgt, die mit einem kaum wahrnehmbaren Film von Würze überzogen ist.

Keine Runzeln

So bald wie möglich verzehren. Die Kartoffeln aus dem Backofen direkt auf den Teller bringen und sofort zerteilen – die Dampfwolke sorgt dafür, dass die spröde Schale zu runzeln beginnt, wenn man sie stehen lässt.

Eine gute Freundin von mir, die sich ebenfalls fürs Kochen begeistert, vergaß mal ein Blech mit Ofenkartoffeln, die bei 200 °C garten, für die Länge von vier Flaschen Chenin Blanc im Ofen. Als sie sich wieder an die Kartoffeln erinnerte, waren sie von außen schwarz, und das Wenige, das innen überlebt hatte, war zu Püree geworden. Sie hat sie ohne zu zögern aufgeschnitten, ein Stückchen Butter in jedes glühende Häufchen gegeben und sie den Anwesenden mit einem triumphierenden »Dahlings, das sind die neuen Ofenkartoffeln im schwarzen Mantel – ganz fantastisch!« präsentiert. – B

Ofenkartoffeln

Wir lieben traditionell zubereitete Ofenkartoffeln, weil es fast unmöglich ist, sie nicht hinzubekommen. Man kann das grobe Salz weglassen und die Schale nur mit Öl und etwas Würze einreiben – das Öl hilft dabei, die Hitze zu leiten. Egal, wie du es machst – die Butter, die auf der Mitte der Kartoffel schmilzt, kann eigentlich durch nichts ersetzt werden.

4 große Kartoffeln
1 Paket (1 kg) grobes Meersalz
Butter
Meersalzflocken und frisch gemahlener schwarzer Pfeffer

1. Den Backofen auf 250 °C vorheizen.
2. Die Kartoffeln unter fließendem Wasser bürsten und mit einem sauberen Geschirrtuch sorgfältig trocknen. Mehrfach mit einer Gabel einstechen.
3. Das Salz in eine Backform von 27 x 20 cm füllen. Es sollte den Boden etwa 2 cm hoch bedecken. Die Kartoffeln auf das Salz legen und 45 Minuten im Ofen garen.
4. Wenden und weitere 30 Minuten garen.
5. Aus dem Ofen nehmen, sofort einen Kreuzeinschnitt auf jeder Kartoffel machen und eindrücken (ein Tuch über die Finger legen, um sie zu schützen), sodass das Innere durch den Schnitt quillt. Mit frischer Butter, Salz und Pfeffer würzen.

Falls Salz an den Kartoffeln klebt, einfach rundherum abklopfen. – N

Macht 4 Personen satt

Leicht und locker

Wichtig zu wissen

Im Ganzen kochen, trocken halten

Damit Kartoffelpüree leicht und locker wie frisch gefallener Schnee wird, muss man zunächst einmal die Kartoffeln trocken halten. Dafür kocht man sie ganz mit Schale, damit kein Wasser eindringen kann. Und anschließt dämpft man sie, bis sie trocken sind.

Langsam garen, niemals aufkochen

Mit wild sprudelndem Kochen kommt man nicht schneller ans Ziel. Entweder brechen die Schalen dabei auf und du hast lauter mit Wasser vollgesogene Erdäpfel, oder die äußere Schicht fällt auseinander, bevor das Innere durchgegart ist. Kleine Kartoffeln verwenden, langsam in siedendem Wasser garen und eher pochieren als sprudelnd kochen.

Alles heiß halten

Die Milch anwärmen, bevor sie zugegeben wird, und die Kartoffeln zerstampfen, während sie noch heiß sind – niemals abkühlen lassen.

Geräte vermeiden!

Niemals, aber wirklich niemals einen Stabmixer (oder die Küchenmaschine) verwenden – die hohe Geschwindigkeit der Messer verwandelt das stärkehaltige Kartoffelpüree in eine klebrige Masse. Aber du kannst eine Kartoffelpresse verwenden.

Die Kartoffelpresse

So funktioniert eine Kartoffelpresse: 1 ganze, gekochte Kartoffel (mit Schale) hineinlegen und die beiden Griffe zusammendrücken. Die Kartoffel ist zerquetscht, das weiche Fleisch durch die Löcher gedrückt, und die Schale bleibt in einem Paket in der Presse, das man entfernt, bevor die nächste Kartoffel hineinkommt. Man kann die Kartoffeln also mit Schale kochen und dieser kleine Apparat trennt in einem Quetschvorgang das Fleisch von der Schale – kaum zu glauben!

Der größte Vorteil jedoch ist, dass man damit die Kartoffel glatter püriert als mit einem konventionellen Kartoffelstampfer. Falls du keine Kartoffelpresse hast (wir empfehlen dir aber wärmstens, eine anzuschaffen), führt der einzige Weg zu einem ähnlichen Resultat über einen Kartoffelstampfer. Nach seinem Einsatz das Püree vor dem Servieren durch ein Sieb zu drücken – das macht viel Arbeit, aber das Püree wird Restaurantqualität haben.

Kartoffelpüree

Du kannst dich exakt an dieses Rezept halten, aber Butter und Milch auch individuell anpassen. Soll es ein weiches Kartoffelpüree sein oder ein steiferes Püree, das sich stolz erhebt und um die großen Bratensauce-Teiche schlingt?

1 kg mittelgroße Kartoffeln
125 ml Milch
60 g Butter
½ TL Meersalzflocken
Weißer Pfeffer

1. Die Kartoffeln in einen großen Topf geben. Den Topf mit ausreichend Wasser füllen, um die Kartoffeln mindestens 5 cm zu bedecken.
2. Den Deckel auflegen und auf hoher Stufe zum Kochen bringen. Wenn das Wasser kocht, den Deckel abnehmen und die Hitzezufuhr reduzieren, damit die Kartoffeln sanft weiterköcheln.
3. Etwa 45 Minuten lang simmern lassen – mit einem Spieß oder einem Messer in 1 Kartoffel stechen, um den Gargrad zu überprüfen. Wenn das Messer ohne Widerstand hinein- und herausgleitet, sind die Kartoffeln gar. Falls nicht, noch etwas länger kochen.
4. Die Kartoffeln abgießen, sobald sie gar sind.
5. Wenn du keine Kartoffelpresse verwendest, einen Spülhandschuh anziehen, eine Kartoffel damit halten und die Schale mit einem scharfen Schälmesser oder den Fingern abziehen. Wenn die Kartoffeln gar sind, sollte die Schale relativ leicht zu entfernen sein.
6. Die gepellten Kartoffeln in den (trockenen) Topf geben oder sie mit Schale durch eine Kartoffelpresse direkt in den Topf drücken. Dann die Kartoffeln trocken dämpfen und dafür kurz auf mittlere Stufe stellen – dabei kontinuierlich rühren, damit sie nicht anbrennen.
7. Die Milch auf kleiner Stufe erhitzen, bis sie dampft. Die Butter hineingeben, damit sie in der Milch schmilzt.
8. Milch, Salz und Pfeffer an die Kartoffeln geben. Wenn die Kartoffeln noch ganz sind, alles mit einem Kartoffelstampfer pürieren. Wenn sie schon gepresst wurden, alles mit einer Gabel rühren, bis sich ein lockeres Püree ergibt.

Ich mochte den Vergleich, den Chefkoch Marc Thivet von der Cordon Bleu-Kochschule in Paris gezogen hat: »Wenn ein Metallspieß eine gekochte Kartoffel durchfährt, sollte sich das anfühlen wie ein heißes Messer, das durch ein kaltes Stück Butter gleitet.« – N

Macht 4 Personen satt

Wenn man Kartoffelpüree im Voraus zubereitet, kann man kleine Butterstückchen hineingeben und Milch darüber gießen, damit sich keine Haut bildet. Kurz vor dem Servieren Milch und Butter unterheben und alles wieder erhitzen. – N

Mach dein Rezept daraus

… 1 oder 2 Lorbeerblätter in die Milch geben, während sie erhitzt wird.

Free Range
DUCK
FAT

LE CREUSET
LE CREUSET

Knusprige Hülle

Wichtig zu wissen

Maximale Oberfläche

Je nach Größe der Kartoffel schneiden wir sie in 2 oder 3 Stücke – mehr Seiten ergeben mehr knusprige Oberfläche.

Die Kartoffeln kurz vorkochen

Das verringert nicht nur den Druck während des Röstens, die Kartoffeln werden durch das teilweise Garen am Rand zudem weicher und lassen sich leichter aufrauen.

Mach sie rau

Die Kartoffeln entweder im Topf schütteln (Anleitung folgt) oder mit einer Gabel die Oberfläche anritzen. Diese grobe Fläche wird später zu einer goldenen Kruste.

Das Fett vorher erhitzen

Wenn Kartoffeln in gefährlich heißem Fett landen, ist das ein guter Anfang – es bringt ein krustiges Äußeres sofort in Fahrt.

Nicht überfüllen

Gib den Kartoffeln Platz; jede sollte genug Raum zum Atmen haben, um knusprige Ränder und Ecken zu entwickeln (und problemlos gewendet zu werden). Zu viele Kartoffeln verlangsamen den Prozess.

Fett = Geschmack

Fett kann den Geschmack der Röstkartoffeln wesentlich verbessern. Unsere Mütter haben Sonnenblumenöl verwendet, wir nehmen manchmal Speck, aber Entenfett verleiht den Kartoffeln eine unübertreffliche Süße und Tiefe. Zum Glück findet man Entenfett heutzutage in Feinkostläden, gut sortierten Supermärkten und manchmal beim Metzger.

Röstkartoffeln

1,5 kg große Kartoffeln
Meersalzflocken und frisch gemahlener schwarzer Pfeffer
½ Tasse Entenfett

1. Den Backofen auf 220 °C vorheizen und den Bratrost auf die mittlere Schiene setzen. Einen großen Topf mit kaltem Wasser füllen und salzen. Die Kartoffeln müssen vollkommen bedeckt sein, sobald sie im Wasser sind.
2. 1 Kartoffel schälen, dritteln und in den Topf mit Wasser geben (damit sie nicht braun wird). Mit den verbleibenden Kartoffeln ebenso verfahren und sie nach und nach in den Topf geben.
3. Den Deckel auflegen und auf hoher Stufe zum Kochen bringen. Sobald die Kartoffeln zu kochen beginnen, den Timer auf 4 Minuten stellen. Anschließend den Topf vom Herd nehmen und die Kartoffeln in ein Sieb abgießen.
4. Die Kartoffeln zurück in den Topf geben. Wenn sie direkt in den Ofen kommen, sollten sie jetzt mit Salz und Pfeffer gewürzt werden.
5. Den Deckel wieder auflegen und ein Geschirrtuch durch einen Griff, über den Deckel und durch den anderen Griff ziehen – festzurren, die Ränder hochdrehen und fest über die Griffe ziehen, um den Deckel auf dem Topf zu halten. Dann den Topf mit aller Kraft schütteln, damit die Kartoffeln herumgeschleudert werden und am Rand aufrauen.
6. Das Fett in eine Bratform geben und im vorgeheizten Ofen erhitzen.
7. Die Kartoffeln behutsam einzeln in die Bratform legen – sie sollten zischen und puffen, sobald sie im heißen Fett landen. Eine Küchenzange eignet sich gut dafür. Wir sagen absichtlich behutsam, weil man leicht Fett verspritzt und sich die Handgelenke verbrennt. Die Kartoffeln wenden und sofort in den Ofen schieben.
8. 60 bis 90 Minuten rösten und gelegentlich wenden, bis sie goldbraun und knusprig sind.

Unser Fotoassistent Cuan hat uns gezeigt, wie man die geschüttelten Kartoffeln über Nacht im Kühlschrank trocknet (unbedeckt und in einer Schicht). Das festigt die Kruste und sorgt dafür, dass sie innen weicher sind. Wenn man sie also im Voraus zubereitet, erhält man bessere Röstkartoffeln. – N

Macht 4 bis 6 Personen satt

Röstkartoffeln und Hähnchen?

Wir wissen schon, welche Frage jetzt kommt: »Wie kriege ich die knusprigen Kartoffeln ums Brathähnchen?« Es ist möglich, aber knifflig. Meist ist die Bratform schon zu voll, und die Kartoffeln schmoren dann eher im Saft des Hähnchens. Auch das kann gut schmecken, aber wir verwenden den köstlichen Bratensaft lieber für eine Bratensauce.

LE CREUSET
LE CREUSET

KAPITEL 15

Schokolade

Die fette Lady singt: Es ist Zeit
fürs Dessert ...

Schmelzen

Wer, bitte schön, mag kein Vanilleeis, das in heißer Schokoladensauce badet? Sie ist ein Klassiker, auf den wir immer zählen können, ein Dauergast auf jeder Speisekarte, der mit einem »Ach, was soll's« dann doch bestellt wird. Wir mussten dir ja zumindest ein Dessert vorführen und haben uns für dieses entschieden. Praktischerweise geht es dabei auch ums Schmelzen von Schokolade – und zwar auf die allereinfachste Art.

Ich stelle Schokoladensauce gern in einem Krug auf den Tisch. Dann kann sich jeder nach Herzenslust selbst bedienen, das Eis wird makellos serviert, und man muss keine Angst haben, dass es zu schnell schmilzt. – N

Die üppige Cremigkeit von dunkler Schokolade mit Sahne ist unschlagbar. Diese Sauce besteht tatsächlich nur aus diesen zwei Zutaten. Sie ist total einfach – und klingt beeindruckend, wenn man sie bei ihrem französischen Namen *Ganache* nennt.

Ganache lässt Schokolade stressfrei schmelzen, weil sie es der heißen Sahne überlässt. Damit das leicht und gleichmäßig passiert, kommen wir auf das zurück, was wir hier ständig gepredigt haben: gut zerkleinern. Wenn man *Ganache* über Eiscreme gibt, entsteht ein fein abgestimmtes Wechselspiel der Geschmäcker: eher von schokoladig zu süß als süß zu süß, weil wir keinen Zucker und einen hohen Kakaoanteil verwenden.

Wichtig zu wissen

Gute Qualität verwenden

Wir nehmen Bitterschokolade mit 60 bis 70 % Kakaoanteil in Bioqualität.

Fein hacken

Dadurch wird deine *Ganache* herrlich glatt und frei von ungeschmolzenen Schokoladeklümpchen. Die Schokolade mit einem Messer in gleichmäßig kleine Stückchen hacken, in der Küchenmaschine zerkleinern oder von Hand reiben.

Ganache

Aus Ganache werden Schokoladentrüffel gemacht, man überzieht Tortenboden damit oder gibt sie als Schokoladenguss über Kuchen. Wir servieren sie warm, damit man sie gießen kann. Das Verhältnis von Schokolade zu Sahne kann je nach Verwendung und benötigter Konsistenz wechseln. Weil es am unkompliziertesten ist, nehmen wir 2 Tafeln Schokolade, ¼ Liter Sahne und verdünnen mit Kaffee.

Nimm die Beste, die du bekommen kannst! Bei einem so einfachen Dessert lässt sich nichts vertuschen, also hängt alles von den erstklassigen Zutaten ab. – N

200 g Bitterschokolade mit mindestens 60 % Kakaoanteil
250 ml frische Sahne
60 ml frisch aufgebrühter Kaffee
Vanilleeis
Kandierte Kirschen, falls gewünscht

1. Die Schokolade fein hacken oder reiben.
2. Die Sahne in einem kleinen Topf auf mittlerer Stufe erhitzen. Sie sollte so heiß sein, dass Dampf von der Oberfläche aufsteigt, aber noch nicht kocht und keine Haut bildet.
3. Den Topf vom Herd nehmen und die Schokolade hineingeben. Dabei kontinuierlich mit dem Schneebesen rühren, bis alles geschmolzen ist und sich zu einer glatten Sauce verbunden hat.
4. Den Kaffee einrühren und sofort servieren oder den Deckel auflegen, falls sie später aufgewärmt wird. *Ganache* wird fest, wenn sie auf Zimmertemperatur abkühlt – einfach erneut auf mittlerer Stufe unter Rühren erhitzen.

Macht 10 Personen satt – je nachdem, wie sehr sie Schokolade lieben!

Mach deine Sauce daraus

... wenn du weniger Mokkageschmack willst, sie aber genauso flüssig sein soll, lass den Kaffee weg und bereite die Sauce mit 100 g Schokolade und 250 ml Sahne zu.

Warum 70 % Kakaoanteil?

Die Prozentzahl auf der Schokoladenpackung gibt den Anteil der Kakaotrockenmasse in der Tafel an. Kakaotrockenmasse (und Kakaobutter) machen die Schokolade aus. Je mehr davon in der Schokolade ist, umso weniger wurde sie mit Zucker, Fett oder Milch aufgebauscht. Die Prozentangaben sind jedoch nicht die einzigen Qualitätsmaßstäbe – man kann eine Tafel mit 40 % Kakaoanteil haben, die aus hochwertigeren Kakaobohnen gemacht ist. Criollo-Kakaobohnen sind die edelsten, und die robusteren Forastero werden meist für die Massenproduktion verwendet.

Eine letzte Sache noch …

Bevor wir dir den Abwasch überlassen – und du nach all diesen Erklärungen immer noch nicht überzeugt sein solltest – noch einmal: Warum eigentlich kochen?

Wir interviewten einmal Giorgio Locatelli, und er sagte uns, er könne nicht verstehen, warum die Medien so besessen von Food-Trends seien. Der Trend, sagte er zu Recht, sei seit Millionen von Jahren immer der gleiche: Wir müssen dreimal am Tag essen, sonst sterben wir!

Und damit hat er es absolut auf den Punkt gebracht. Wir Menschen besitzen die einzigartige Fähigkeit, biologische Notwendigkeiten in Vergnügen zu verwandeln. Unser Appetit auf sinnliche Genüsse in jeglicher Form gehört zu den bestimmenden Charakteristiken unserer Spezies. Wir können uns aussuchen, ob wir uns fortpflanzen oder nur miteinander schlafen wollen; wir können uns aussuchen, ob wir dem Körper Brennstoff zuführen oder mit Sinn und Sinnlichkeit kochen und essen wollen.

Koch mit Menschen, die du magst, und ihr werdet euch noch lieber mögen. Koch mit Fremden und du wirst tolle Gespräche führen, Freundschaften knüpfen und Teil eines gemeinsamen Festmahls sein, das seit Beginn der Zeitrechnung Menschen miteinander verbindet. Vor allem aber sagt man bei gutem Essen und Kochen Ja zum Leben. Wir erhaschen dabei einen Blick auf das große Ganze, und es rückt unsere Perspektive zurecht.

Wie beim Malen oder Tanzen auch, kannst du beim Kochen zeigen, wer du wirklich bist. Aber nur wenn man weiß, wie man ein bestimmtes Endergebnis erreicht, bekommt man die Freiheit, seinen persönlichen Geschmack zu erforschen. Wenn du also weniger Knoblauch magst, dann halbier ihn. Wenn ein Esslöffel mehr Tomatenmark deine Geschmacksnerven umhaut, dann drück die Tube aus. Wenn die Bolognese deiner Mutter auch grüne Paprika und Speck enthält, nur zu. Wir hoffen, dass du nach der Lektüre dieses Buches darüber nachdenkst, wie fein etwas geschnippelt sein sollte und wann du es in den Topf gibst.

Register

Wir danken …

unseren Eltern Rose und George Werner, Denise und Robin de Kock dafür, dass sie uns auf so viele Arten und für so lange Zeit gefüttert haben.

Craig Fraser, Libby Doyle und dem Team von Quivertree dafür, dass sie dieses Buch ans Licht der Welt gebracht haben!

Caroline Webb, die sich mit dem Text auseinandergesetzt hat, als wäre es ihr eigener – es ist nie zu spät, sich für Sellerie zu begeistern!

Kate Wilson, die das Vorwort geschrieben und uns das Brathähnchen von Thomas Keller vorgestellt hat. Dank auch für all die gemeinsamen Nerd-Geschichten rund ums Essen.

Den Silwood-Studenten, die bei den Fotoaufnahmen assistiert haben: Chenielle d'Hotman, Julia Horsfall, Kenyalyn Oddenyo, Amyleigh Johnsen und Cuan Butterworth – wir hoffen, er wird sich an uns erinnern, wenn er es unter die 50 Besten der Welt geschafft hat!

Chef's Warehouse, Banks und Le Creuset fürs Füllen unseres Küchenschranks.

Natural Stone Warehouse und Tilespace für die Foto-Hintergründe.

Gogo's Meat und *Biltong Deli* – die uns immer die best aussehendsten und köstlichsten Rib-Eye-Steaks für unsere Aufnahmen zur Seite gelegt haben; und Super Meat Market – unserem Lieblingsmetzger vom alten Schlag, der über lebenslange Erfahrung und Wissen verfügt.

Giovanni's – sie haben uns ihren *Big Cheese* zur Verfügung gestellt und das perfekte Stück Parmesan abgebrochen.

Justine Drake und Brandon Amron-Coetzee – sie waren da, als für uns alles anfing. Ohne sie hätten wir diesen Weg nicht eingeschlagen und wären nicht so weit gekommen.

Lynne, Richard und David Thorpe, unsere Nachbarn in der anderen Doppelhaushälfte, die viel Geduld mit der Geräusch- und Geruchskulisse aus unserer Küche bewiesen haben – Brathähnchenduft ist um 6 Uhr morgens nicht so leicht zu ertragen!

Und allen Freunden, mit denen wir die Freuden eines gedeckten Tisches teilen konnten: Dawid & Norman, Kate, Kirst & Matt, Woz & Kerin, Jackie & Drew, Camilla & Russel, Niels & Penny, Debbie & David, Doz & Caro, The Brentster, Kimo, Anna, Renata, Ty, Des, Cazzie & Frank, Heather & Paul, Suzy & Brendan

Bücher, die uns wirklich geholfen haben:

Made In Italy. Das Kochbuch von Giorgio Locatelli
The Art of Simple Food. Rezepte und Glück aus dem Küchengarten von Alice Waters
Bouchon von Thomas Keller
The Cook's Companion von Stephanie Alexander
Der große Larousse Gastronomique
On Food and Cooking: Das Standardwerk der Küchenwissenschaft von Harold McGee
Leith's Techniques Bible von Susan Spaull & Lucinda Bruce-Gardyne
How To Eat von Nigella Lawson
Lulu's Provençal Table von Richard Olney
Soffritto. Tradition and Innovation in Tuscan Cooking von Benedetta Vitali
Family Food. A New Approach To Cooking von Heston Blumenthal

Erstmals veröffentlicht in Südafrika 2014 von Quivertree Publications
Originaltitel: cook. better.

Übersetzung: Aggi Becker, Köln
Lektorat: Ulrike Herzog, Freising
Produktion und Satz: Sieveking Verlag, München

ISBN 978-3-944874-70-8

Printed in Germany

»Letztendlich hängt gutes Kochen von zwei Dingen ab: von gesundem Menschenverstand und gutem Geschmack.«

Simon Hopkinson
Roast Chicken and Other Stories

NIKKI WERNER und BRANDON DE KOCK kochen, essen und reisen zusammen seit 17 Jahren. Durch ihre Arbeit lernten sie außergewöhnliche Köche kennen, aßen in zahlreichen Restaurants, haben viel recherchiert und unzählige Notizen gemacht und Tipps gesammelt. Was das heißt? Während sich die meisten Kochbücher um den Meisterkoch drehen, geht es hier um den oder die, die kocht.

Nikki hat Journalismus studiert. Sie betreute die Kulinarikseiten von *Elle Decoration* und *Marie Claire* und war als Food-Redakteurin für *Fairlady* und *Women's Health* tätig. Im Moment arbeitet sie als Food-Rechercheurin, Autorin und Beraterin.

Brandons Berufserfahrung umfasst Marketing, öffentliches Reden, Verlagswesen und Weltreisen – was allen gemeinsam ist, sind ein Stift und eine Kamera. Als Selbstständiger hat er fast überall mitgemischt – er war Redakteur bei *Compleat Golfer* und Creative Director für Ramsay Media. Außerdem war er einer der Kuratoren für Kapstadt World Design Capital 2014. Nun ist er für das Storytelling von WhyFive – einem Recherche-Institut – verantwortlich.

CRAIG FRASER spezialisierte sich zu Beginn seiner Karriere auf Design- und Architekturfotografie. Nach einigen Jahren konzentrierte er sich immer stärker auf Food-Fotografie. Diese Liebe dauert nun seit 15 Jahren an. 2002 veröffentlichte er im Selbstverlag das Buch *Shack Chic* mit seiner Partnerin Libby Doyle – Quivertreee Publications war geboren. Heute widmet Craig sich leidenschaftlich der Herstellung von Büchern, die den südafrikanischen Lebensstil durch Essen und Design feiern.